中铁设计集团隧道及地下工程技术丛书

地铁车站暗挖工法演变历史与发展趋势

刘魁刚　谭富圣　朱　宁　陈　丹　刘建友　房　倩　著

中国建筑工业出版社

图书在版编目（CIP）数据

地铁车站暗挖工法演变历史与发展趋势/刘魁刚等著. —北京：中国建筑工业出版社，2022.9
（中铁设计集团隧道及地下工程技术丛书）
ISBN 978-7-112-27776-6

Ⅰ.①地… Ⅱ.①刘… Ⅲ.①地下铁道车站-暗挖法 Ⅳ.①U231.4

中国版本图书馆 CIP 数据核字（2022）第 154889 号

责任编辑：李笑然　毕凤鸣
责任校对：赵　菲

中铁设计集团隧道及地下工程技术丛书
地铁车站暗挖工法演变历史与发展趋势
刘魁刚　谭富圣　朱　宁　陈　丹　刘建友　房　倩　著
*
中国建筑工业出版社出版、发行（北京海淀三里河路9号）
各地新华书店、建筑书店经销
霸州市顺浩图文科技发展有限公司制版
天津图文方嘉印刷有限公司印刷
*

开本：787毫米×1092毫米　1/16　印张：10¾　字数：264千字
2022年7月第一版　2022年7月第一次印刷
定价：**118.00**元
ISBN 978-7-112-27776-6
（39887）

版权所有　翻印必究
如有印装质量问题，可寄本社图书出版中心退换
（邮政编码 100037）

编审委员会

主　　任：刘魁刚　谭富圣
副 主 任：朱　宁　陈　丹　刘建友　房　倩
编　　委：宋月光　陈　慧　邬　泽　马　锴　陈俊林
　　　　　文　罕　宗庆才　于鹤然　刘　洋　周　钦
　　　　　黄　杰　李鹏飞　岳　岭　于晨昀　郭　磊
　　　　　彭　斌　康　佩　朱　剑　向　鑫　李宏宇
　　　　　王　赶　杨晓旭　金恒翔　程荔琼　闫　静
　　　　　杜建明　李建业　王　军　张恒睿　阮　松
　　　　　马鹏远　许世伟　侯志友　朱　恺　张复兴
　　　　　赵永正　史春光　邢慧贤　陈　明　罗　敏
　　　　　夏梦然　马兴宝　房　旭　任　鹏　张　亚
　　　　　徐建涛　申　奇　郭苏锐　任　杰　张　盈
　　　　　王靖华　吴春冬　张　强　杨旭东　王天立
主　　审：吕　刚　马福东
主编单位：北京市轨道交通建设管理有限公司
　　　　　中铁工程设计咨询集团有限公司
　　　　　苏州市轨道交通集团有限公司
　　　　　北京交通大学
　　　　　北京工业大学

序 言 1

2003年，我道桥专业毕业，便扎根到城市轨道交通建设这个快速发展的领域，至今已有近20年。有幸参与轨道交通的建设我倍感骄傲和自豪，多年来，我的工作岗位在变化，但我始终在这个领域里默默坚守、从未离开，未来也一定继续为轨道交通事业贡献出自己的绵薄之力。

回顾近20年的工作经历，我曾主持建设完成北京地铁7号线东延、8号线、9号线、燕房线等总里程193.7km的线路；主持在建线路北京地铁16号线、17号线、22号线、27号线等192.8km的建设管理工作；主持北京地铁全网在建235.6km的建设安全管理工作。逐渐认识到当前面临的建设管理工作复杂性愈加突出，做好地铁建设管理工作的重要性日益凸显。

城市轨道交通建设多位于繁华地段、热门区域，建设常受场地条件、地下管线、道路交通等因素制约，为了克服不利影响，地铁施工工法常采用浅埋暗挖法。20世纪80年代，北京地铁复兴门折返线工程应用浅埋暗挖法取得了巨大成功，到21世纪初，北京地铁5号线磁器口站采用中洞法、10号线国贸站采用洞桩法，到目前北京全网新建车站约三分之二采用PBA工法，逐渐形成了成熟的理论体系和丰富的应用案例。现阶段轨道交通建设标准越来越高，安全管理形势越来越严峻，尽可能保障施工期间安全平稳并减轻对周围环境的不利影响，对轨道交通从业者带来更大的挑战，提出了更高的要求。

近年来，随着施工工艺、科学技术的进步，暗挖法施工逐渐向机械化、信息化的方向发展，施工更加精细化、效率化。我们应及时对地铁车站暗挖工法的演变历史进行综合分析，研判推演未来的发展趋势，共同推动行业高质量发展。

本书意为将本人工作以来的一些粗浅认识进行总结，但受水平和能力限制，认识难免存在偏颇，对书中不妥之处恳请读者朋友给予指正。

刘魁刚

2022年4月于北京

序 言 2

千禧年我离开校园，来到位于北京的铁道部专业设计院参加工作。2001年北京申奥成功，加快了北京地铁建设的步伐，我有幸参加的第一个地铁项目是北京地铁5号线，全线仅有4座全暗挖车站，我参与了其中一座全暗挖车站——磁器口站的设计。车站主体采用中洞法分16块开挖并最终完成全部结构。至于当时为何选择中洞法，作为新手和仅从事设计岗位的我一无所知，但印象深刻的是几个暗挖车站当时受到了特殊礼遇——比其他车站多开多次专家会，大到开挖顺序、车站纵梁结构等研究，小到临时支护弧度大小的确定等各种细节的讨论，迅速让我从一个"画图人"成长为"工程师"，使我知道图纸是工程师的语言，在施工单位具体实施前，设计师已经在头脑中完成多次模拟施工，在模拟过程中发现并解决了很多问题。

同样是实施一座暗挖车站，由于地质条件、埋置深度、控制因素、环境要求、机械设备、工期压力的不同，可以有不同的实现方法，这就是暗挖工程的魅力所在。如北京地铁5号线磁器口站由于埋深较大，周边环境对沉降控制相对宽松，当时采用了施工速度相对较快的中洞法；北京地铁10号线一期的国贸站，由于周边桥桩林立，桥桩间空间狭窄，周边环境对暗挖施工引起的地层变形较敏感，因此采用了双导洞的分离站体洞桩法施工；青岛地铁1号线瑞金路站，由于所处地层上部为局部第四系地层+中风化岩层，下部为微风化岩层，因此具备使用单拱大跨大拱脚双层复合衬砌结构的条件；沈阳地铁2号线新乐遗址站采用的模筑衬砌支护法，由于设计理念颠覆传统浅埋暗挖法，且为国内首次采用，综合考虑后将其应用于埋深较大、周边环境对地层变形要求适中的新乐遗址站；沈阳地铁10号线东北大马路站施工中，结合模筑衬砌支护法的经验总结，创新性地采用了超前模筑初期支护法，解决了在埋深较浅、沉降控制较为严格且需暗挖条件下的实施难题。

暗挖车站设计特点是，既要分析受力安全与转换，又要考虑施工现场操作的可行性。同时，不同的施工方法、施工顺序，又带来结构和受力的不同，必须加以考虑，在二维的工程图中要以三维的方式思考各种受力条件。暗挖工程中的很多临时墙、板结构，类似做几何题中的各种辅助线，往往能解决很多细节的受力问题。

暗挖工法的难点在于交叉洞口开洞的受力分析及施工细节考虑，施工操作条件与施工质量密切相关，能实施成与能实施好还是存在巨大差异的，北京地铁7号线几座PBA暗挖工法设计中的几个新专利亮点，不是解决施工能不能的问题，而是解决施工质量好不好的问题。作为一个优秀的暗挖工程设计师，受力分析仅是其中一个方面，现场操作是否考虑全面才是衡量一个暗挖工程设计师水平高低和职业素养的标准。

纵观这些年暗挖工法的变化，其实也是融合了顶管、盾构、盖挖等其他工法的特点，只要心中有暗挖，任何其他经验都可为暗挖所用，掌握暗挖工程的"道"之后，不管什么暗挖工法，万变不离其宗，可以融会贯通。我始终认为要想把一件事情做好，首先要对所做的工作心存敬畏，要发自内心热爱所从事的工作，认为自己所从事的工作是有意义的才行。希望这本书能给初入暗挖行业的你点亮心中的灯塔，把对成功的追求转化为当下的成长，愿每位读者未来都成为一个发光体。

谭富圣

2022年4月于北京

目 录

第1章 绪论 ·· 1
1.1 城市轨道交通概况 ··· 1
1.2 地铁车站施工方法 ··· 9
1.2.1 明挖法 ··· 10
1.2.2 盖挖法 ··· 13
1.2.3 浅埋暗挖法 ·· 16
1.2.4 盾构扩挖法 ·· 18
1.2.5 装配式地铁车站 ·· 19
1.2.6 新管幕法（NTR） ·· 20

第2章 地铁车站暗挖法施工工法 ·· 22
2.1 概述 ·· 22
2.2 中洞法 ··· 23
2.2.1 简介 ·· 23
2.2.2 施工步骤 ··· 23
2.2.3 中洞法的基本形式 ··· 25
2.2.4 适用范围 ··· 25
2.3 侧洞法 ··· 25
2.3.1 简介 ·· 25
2.3.2 施工步骤 ··· 26
2.3.3 适用范围 ··· 29
2.4 柱洞法 ··· 29
2.4.1 简介 ·· 29
2.4.2 施工步骤 ··· 29
2.4.3 适用范围 ··· 32
2.5 洞桩法（PBA工法） ··· 32
2.5.1 简介 ·· 32
2.5.2 施工步骤 ··· 33
2.5.3 适用范围 ··· 35
2.6 一次扣拱暗挖逆作法 ·· 35
2.6.1 简介 ·· 35
2.6.2 施工步骤 ··· 35

  2.6.3 适用范围 ·· 38
 2.7 拱盖法 ··· 38
  2.7.1 简介 ·· 38
  2.7.2 施工步骤 ·· 39
  2.7.3 适用范围 ·· 41
 2.8 盾构扩挖法 ·· 41
  2.8.1 简介 ·· 41
  2.8.2 施工步骤 ·· 42
  2.8.3 适用范围 ·· 44
 2.9 新管幕法 ·· 45
  2.9.1 简介 ·· 45
  2.9.2 施工步骤 ·· 45
  2.9.3 适用范围 ·· 47
 2.10 PBA 工法地铁车站设计指引 ··· 47
  2.10.1 PBA 工法概况 ·· 48
  2.10.2 PBA 工法车站设计理念 ·· 49
  2.10.3 PBA 工法适用性 ·· 50
  2.10.4 PBA 工法设计流程 ·· 50
  2.10.5 PBA 工法车站结构形式选择 ·· 50

第3章 地铁车站暗挖法辅助工法 ··· 54

 3.1 概述 ··· 54
 3.2 超前支护 ·· 54
  3.2.1 超前小导管法 ··· 54
  3.2.2 管棚法 ·· 58
  3.2.3 水平旋喷法 ··· 63
 3.3 掌子面加固 ·· 66
  3.3.1 弧形开挖预留核心土 ··· 67
  3.3.2 掌子面喷混凝土 ·· 68
  3.3.3 超前帷幕注浆 ··· 69
 3.4 地下水控制 ·· 70
  3.4.1 降低地下水位 ··· 71
  3.4.2 注浆止水 ·· 73
  3.4.3 冻结止水 ·· 74

第4章 典型暗挖地铁车站工程 ·· 77

 4.1 概述 ··· 77
 4.2 中洞法建造北京地铁 5 号线磁器口站 ·· 78
  4.2.1 工程概况 ·· 78

4.2.2　工程设计与施工步序 ·· 80
4.2.3　数值分析 ·· 83
4.2.4　工程监控量测 ·· 83
4.2.5　工程特点 ·· 84
4.3　PBA法建造北京地铁7号线磁器口站 ································ 85
4.3.1　工程概况 ·· 85
4.3.2　工程设计与施工步序 ·· 87
4.3.3　地层-结构整体动力时程分析 ·································· 91
4.3.4　工程特点 ·· 97
4.4　PBA法建造北京地铁房山线北延工程首经贸站 ························ 97
4.4.1　工程概况 ·· 97
4.4.2　工程设计与施工步序 ··· 100
4.4.3　施工地表沉降分析 ··· 103
4.4.4　工程监控量测 ··· 105
4.4.5　工程特点 ··· 106
4.5　PBA法建造北京地铁10号线国贸站 ································· 107
4.5.1　工程概况 ··· 107
4.5.2　工程设计与施工步序 ··· 109
4.5.3　工程监控量测 ··· 112
4.5.4　工程特点 ··· 112
4.6　拱盖法建造青岛地铁1号线瑞金路站 ······························· 113
4.6.1　工程概况 ··· 113
4.6.2　工程设计与施工步序 ··· 115
4.6.3　风道结构变形及地表沉降分析 ································· 117
4.6.4　工程监控量测 ··· 118
4.6.5　工程特点 ··· 119
4.7　新管幕法建造沈阳地铁2号线新乐遗址站 ··························· 119
4.7.1　工程概况 ··· 119
4.7.2　工程设计与施工步序 ··· 120
4.7.3　数值模拟分析 ··· 126
4.7.4　地表沉降监测结果分析 ······································· 127
4.7.5　工程特点 ··· 131
4.8　新管幕法建造沈阳地铁10号线东北大马路站 ························ 132
4.8.1　工程概况 ··· 132
4.8.2　工程设计与施工步序 ··· 133
4.8.3　周边环境影响预测 ··· 138
4.8.4　工程监控量测 ··· 142
4.8.5　工程特点 ··· 143

第5章 暗挖法发展趋势 ········· 144
5.1 概述 ········· 144
5.2 复杂地层条件下的暗挖工法 ········· 145
5.2.1 软土地层 ········· 145
5.2.2 富水地层 ········· 146
5.3 暗挖法机械化 ········· 149
5.3.1 暗挖机械施工设备 ········· 149
5.3.2 暗挖机械施工方法 ········· 151
5.4 暗挖法绿色化 ········· 152
5.5 暗挖法智能化 ········· 155
5.5.1 智能建造 ········· 155
5.5.2 智能化施工 ········· 156

第1章

绪论

1.1 城市轨道交通概况

交通是城市的动力系统,也是城市发展的生命线。"城市发展,交通先行",交通运输是人类进行生产和生活的必要手段,是物质与文化流通的基本条件。其中,为城市居民出行所服务的城市交通是指城市内部的交通,特别指城市中心内的交通。城市交通一般分为公共交通和私人交通两种,其中公共交通主要包括传统公交(公共汽车和电车)和城市轨道交通(地铁和轻轨),私人交通多指私人小轿车出行。随着城市发展进程的逐步推进,城市人口迅速增加,城市与郊区县之间的经济联络日益密切,导致城市出行人口数量、出行密度逐年上升。高密度人群加剧了出行在城市中心的积聚效应,使城市内部的交通承受沉重压力。

城市轨道交通建设是目前急需的,而且能满足多重社会发展目标的一种基础设施建设。城市轨道交通将分散的出行方式集中化,可以提高城市运输量和速度,大大降低汽车使用频率,有效解决交通拥堵问题,而且城市轨道交通耗用电力,可以减少石油的消费和尾气排放,因此良好的轨道交通可缓解城市中心的多种压力。同时,通过大力发展轨道交通相关设施,许多经济活动(如用餐、购物等)也可在地下进行,并且由于地面物业价格很高,城市地下物业的回报比其他基础设施建设的回报更好。

城市轨道交通是城市公共交通系统中的一个重要组成部分,泛指在城市中沿特定铁轨运行的公共交通工具。根据现行国家标准《城市轨道交通技术规范》GB 50490 的分类,城市轨道交通系统包括地铁系统、轻轨系统、单轨系统、有轨电车、磁浮系统、自动导向轨道系统、市域快速轨道系统。

截至 2021 年底,全球共有 79 个国家和地区的 541 座城市开通了城市轨道交通,运营里程超过 36854km,车站数超过 34220 个。其中,62 个国家和地区的 188 座城市开通了地铁,总里程达 18952.29km;35 个国家和地区的 103 座城市开通了轻轨,总里程达 3273.65km;51 个国家和地区的 368 座城市开通了有轨电车,总里程达 14628.26km。

截至 2021 年底,中国内地已开通城轨交通的城市的运营线路长度排名如图 1-1 所示。由图可知我国轨道交通运营里程排名前五的分别是上海、北京、广州、成都和武汉。

国外城市轨道交通建设起步较早。东京是全亚洲最早有地铁线路的城市,最早运营的地铁在 1927 年 12 月通车。在巴黎市区内每日的通勤族当中,乘坐地铁和市域快速轨道交通的比例高达 50%。伦敦地铁早于 1863 年 1 月 10 日就已通车。如今,我国已经进入以城市群为主体形态、大城市向都市圈转变的新型城镇化发展阶段,但由于城市规划和建设

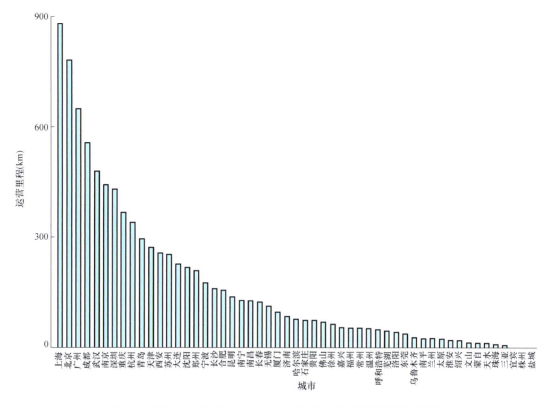

图 1-1 截至 2021 年底，中国内地城市城轨交通运营线路长度排名

的不合理，在我国城市发展进程中，出现了不同程度的"大城市病"问题。为了解决交通问题给城市发展带来的不利影响，借鉴国外典型都市圈轨道交通发展经验，发展多层次、一体化的轨道交通体系，实现轨道交通互联互通迫在眉睫。以下是三座国外典型城市的轨道交通简介。

1. 东京圈城市轨道交通系统

东京是日本的首都，是世界级的大城市，是日本政治、经济和文化的中心，其交通服务始终与城市发展紧密相连，逐步走向国际化。以东京为核心，包括附近的千叶、埼玉、神奈川3县，构成日本最大的城市圈——"东京圈"。到2017年，"东京圈"已发展到70km半径范围，包括茨城县、栃木县、埼玉县、千叶县、神奈川县、群马县、山梨县在内的一都七县。

支持东京圈居民通勤和商贸往来的轨道交通网络建设采用了放射线与环线结合的方式，如图1-2所示。

东京轨道交通网络最显著的特色之一就是针对每一个区域分别建立不同的模式。为了缩短通勤时间，郊区的私营轨道线路直接与中心区的地铁线路贯通运营，而且轨道系统形成了多层次结构（表1-1）。长距离出行可以利用更快轨道线路或快速列车，比如，50～100km的出行距离可以使用新干线（高速客车），30～50km的出行距离使用快速列车，30km之内可以考虑使用地铁和独轨交通。

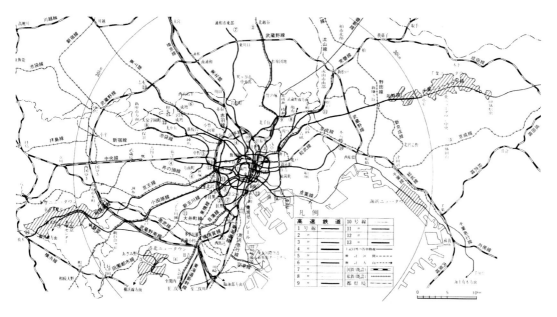

图1-2 东京都市圈轨道干线网与城市轨道交通网络示意图

东京都市圈轨道系统的多层次结构　　　　表1-1

轨道类型	站间距	运营速度
新干线（高速客车）	30～50km	120～130km/h
城际列车（JR） 快速列车（私营）	5～6km	50～60km/h
普通列车（JR、私营）	1～2km	40～45km/h
地铁	0.5～1km	20～35km/h
单轨铁路 自动导轨列车	0.5～1km	20～30km/h

　　日本东京地铁有13条线，总里程为304.1km，平均每条线共设站285个（图1-3），地铁主要修在城市干道下面，集中分布在以东京火车站为中心的5km半径范围。

　　东京首都圈的公共交通每天可运营4750万人次，地铁、JR线、私营铁路运送人数为3658万人次，达到77.7%。东京地铁系统每天向1079万乘客提供服务，占轨道交通方式的29.5%，JR线日运送乘客1456万人次，占轨道交通方式的39.8%。

2. 巴黎大区城市轨道交通系统

　　法国巴黎大区位于北部法兰西岛，是法国的一个行政区域（法国共有22个大区），由巴黎市及周边的埃松省、上塞纳省、塞纳-马恩省、塞纳-圣但尼省、瓦勒德马恩省、瓦勒德瓦兹省和伊夫林省7个省组成，面积12012km²，人口约为702万。在全球大都市中，巴黎大区是仅次于纽约和东京的第三大经济区，面积为全国的2.2%，人口却占全国的10.5%，是法国的政治、经济、文化中心。巴黎大区之所以如此发达，占有如此重要的地位，与其先进、完善的交通系统是密切相关的，而公共交通中的轨道交通又起到了关键作用。

　　巴黎大区轨道交通系统主要有地铁、轻轨、市域快速轨道交通（RER）和市郊铁路

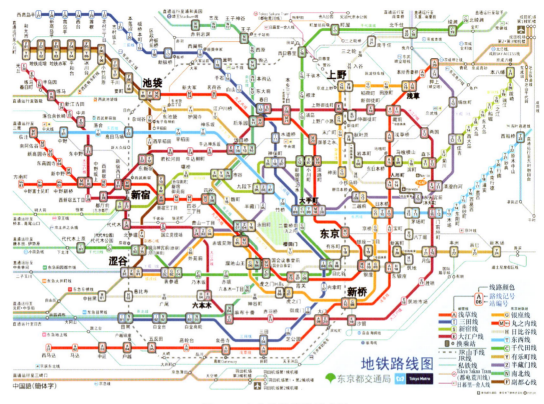

图 1-3　东京地铁线路示意图

等不同形式,主要由 16 条地铁线、5 条市域快速轨道交通线、8 条市郊铁路线、9 条有轨电车组成。其中,地铁和轻轨主要服务于主城区内的旅客运输;市域快速轨道交通和市郊铁路具有线路里程长、站间距大、列车运行速度快等特点,主要承担巴黎市中心—市郊、市郊—市郊之间的旅客运输。

巴黎是世界上最早建设轨道交通的城市之一,发展至今已经拥有纵横交错的 14 条线路(包含 2 条支线),线路总长 215km,车站数 303 个,形成了四通八达的地下交通网络。巴黎地铁线路全部由巴黎大众运输公司(RATP)运营,其线路布局情况详见图 1-4。巴黎地铁每天的客流量超过 900 万人次,年客流量 18.43 亿人次。

3. 大伦敦城市轨道交通系统

英国首都伦敦是国际金融中心城市,其轨道交通系统发展最早,是世界上第一条地铁的诞生地,已形成世界规模最大的地铁系统。

大伦敦都会区范围大致包含英国首都伦敦与其周围的卫星城镇所组成的都会区。其行政区划分为伦敦城和 32 个市区,伦敦城外围的 12 个市区称为内伦敦,其他 20 个市区称为外伦敦。伦敦城、内伦敦和外伦敦构成大伦敦市,面积为 $1580km^2$,其中伦敦城 $27km^2$、内伦敦区 $294km^2$、外伦敦区 $1259km^2$。如果从更大范围计算,伦敦大都市圈包括大伦敦地区和东南英格兰地区的主要城市,面积达 2.7 万 km^2。截至 2014 年底,大伦敦地区人口为 855 万人。

伦敦轨道交通线路呈放射状布置,共有 12 条地铁线(图 1-5),总长 415km,日客流

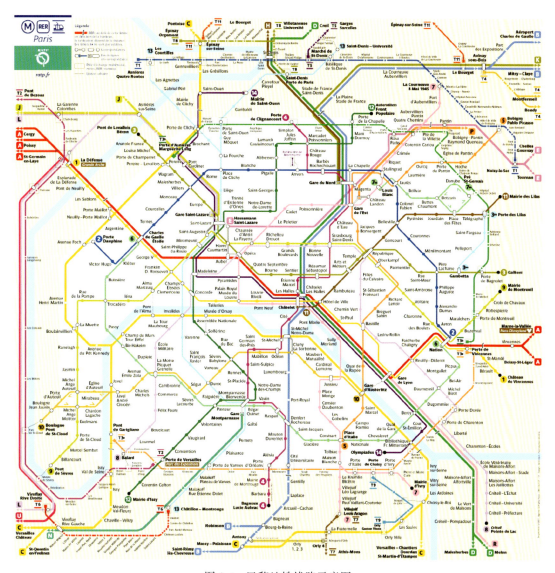

图 1-4 巴黎地铁线路示意图

量 304 万人次，年总客流量达 11.1 亿人次。市郊铁路共有 3000km，轨道交通客运量约为 31.5 亿人次，在公共交通客运总量中占比 38.2%。伦敦地铁建设因地制宜，在郊区地段，地铁上地面，在城区某些繁华地段，就变成高架，地铁和轻轨线与开往英国各地的火车站和汽车长途站连接和换乘。

自 21 世纪以来，随着我国经济建设的快速发展，城市轨道交通建设也迎来了高速发展的时代。截至 2021 年底，全国城市轨道交通运营线路达到 8708km，2025 年末将超过 1 万 km，2030 年末接近 1.5 万 km。目前我国运营线路规模、在建线路规模和客流规模均居全球第一，我国已成为名副其实的"城轨大国"。

(1) 北京都市圈城市轨道交通系统

对于北京市来说，自中华人民共和国成立以来逐步发展形成了城市中心区、北京郊区和包括北京市域及外围主要城镇的外圈层。北京规划的市域城镇体系为"中心城新城镇"，

图 1-5 伦敦地铁线路示意图

图 1-6 市域轨道交通 2021 年规划示意图

其中,中心城是北京政治、文化等核心职能和重要经济功能集中体现的地区,主要包括以旧城为核心的中心地区、围绕中心地区的 10 个边缘集团以及绿化隔离地区。新城是在原有卫星城基础上,承担疏解中心城人口和集聚新产业的功能,带动区域发展的规模化城市地区,具有相对独立性。规划的新城有 11 个,分别为通州、顺义、亦庄、大兴、房山、昌平、怀柔、密云、平谷、延庆、门头沟。镇是建制镇的简称,是推动北京城镇化的重要组成部分,包括重点镇和一般镇。另外,京津冀都市圈主要包括北京、天津、石家庄、唐山、承德、张家口、保定、廊坊、秦皇岛、沧州、邯郸、邢台、衡水等城市,北京是京津冀都市圈的一部分。

根据北京都市圈发展的特征和《北京城市总体规划(2016 年—2035 年)》中的市区调整优化及城镇体系规划,将北京都市圈的交通圈层划分为3个圈层，如图1-6所示为市域轨道交通2021年规划示意图。

构建分圈层交通发展模式：第一圈层（半径25～30km）以地铁（含普线、快线等）和城市快速路为主导；第二圈层（半径50～70km）以区域快线（含市郊铁路）和高速公路为主导；第三圈层（半径100～300km）以城际铁路、铁路客运专线和高速公路构成综合运输走廊。到2035年轨道交通里程由现状约631km提高到2500km；到2035年公路网总里程力争超过23150km；到2035年铁路营业里程达到1900km。

截至2021年12月，北京地铁运营线路共有27条（图1-7），运营里程783km，车站459座（其中换乘站72座）。北京地铁在建线路11条。到2025年，北京地铁将形成由30条线路运营、总长1177km的轨道交通网络。

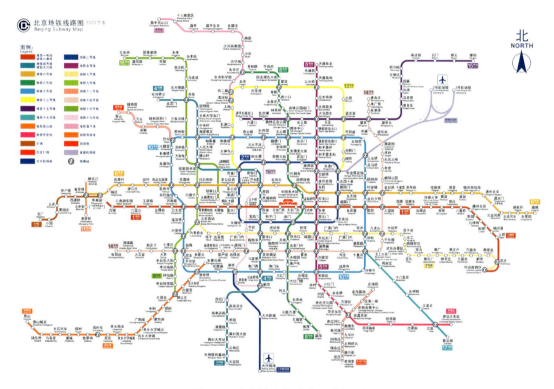

图1-7　北京城市轨道交通线网图

（2）上海都市圈城市轨道交通系统

上海都市圈城市分布的特点是多层次的集中与分散并存，几个不同等级层次城市的空间演化分异明显。城市空间伸展轴呈多元化发展趋势。在椭圆形的上海大都市圈内，上海中心城区（浦西八区及浦东等部分）作为核心一级城市，人口大于1000万人，辐射出去的圈层有四个，每个圈层之间的东西向距离约30km。位于第一圈层的是以市辖区内相当于三级城市（人口50～100万人）的嘉定、松江、临港城三个新城为主体。位于第二圈层（处于核心城市辖区第一圈层与次核心城市第三圈层之间）的是以昆山、嘉善、平湖、启东、海门等四级城市（人口20～50万人）为主体。位于第三圈层的是以都市圈内次核心城市苏州、嘉兴、宁波、南通四个二级城市（人口100～300万人）为主体。位于第四圈层（处于次核心城市圈层与上海大都市圈外杭州、无锡等圈层之间）的是以面临东海、长江、太湖、杭州湾的张家港、桐乡、海宁、慈溪等四级城市为主体。

上海地铁（图1-8）是服务于上海市和上海大都市圈的城市轨道交通系统，是世界范围内线路总长度最长的城市轨道交通系统。截至2021年12月，上海地铁运营线路共20条（含磁浮线），共设车站508座（含磁浮线2座），运营里程共831km（含磁浮线29km）。上海地铁线网日均客运量978万人次，总客运量达到35.7亿人次。

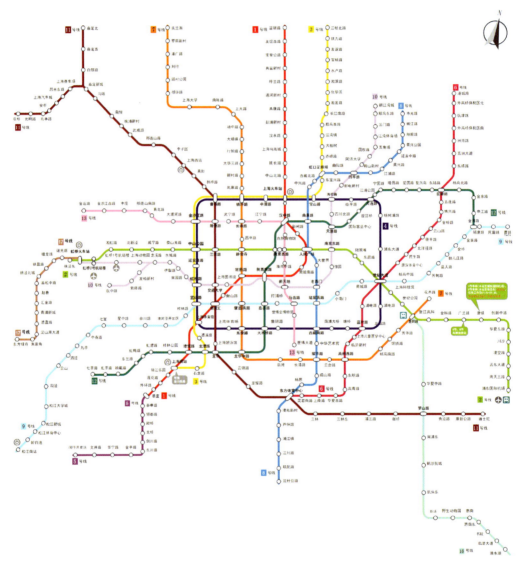

图1-8 上海城市轨道交通线网图

（3）广州都市圈城市轨道交通系统

广州都市圈包括广州、佛山、肇庆、清远、云浮、韶关6座城市。2019年，广州都市圈的GDP约40567亿元，占广东省的37.68%；常住人口约为3711万人，占广东省的32.21%；土地面积约为71573km^2，占广东省的39.82%。

广州地铁（图1-9）是服务于中国广东省广州市和珠江三角洲的城市轨道交通系统，

其第一条线路广州地铁 1 号线于 1997 年 6 月 28 日正式开通运营,使广州成为中国内地第四座、广东省首座开通轨道交通的城市。截至 2022 年 5 月,广州地铁运营里程为 621km,共设车站 302 座,共有换乘站 40 座,位于中国内地第四名。2021 年,广州地铁日均客运量 776.45 万人次,总客运量达到 28.34 亿人次,超全市公共交通出行总量的 61%。

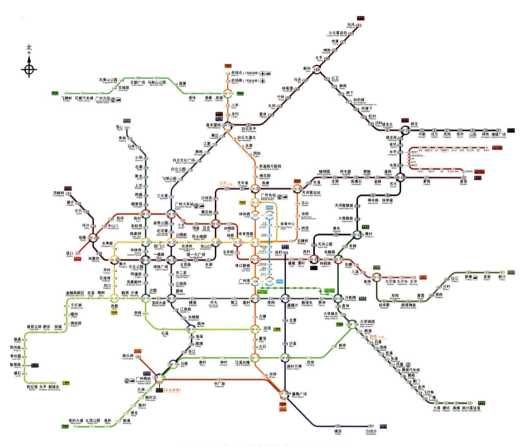

图 1-9　广州城市轨道交通线网图

1.2　地铁车站施工方法

1969 年,北京地铁 1 号线建成通车,一条以战备为主,兼顾交通的城市地下铁道由此贯通,成为我国建设的第一条城市地铁线路。其采取的是敞口明挖法,而现如今,随着城市地铁施工技术水平的逐步提升、车站设计理念的不断革新,矿山法、浅埋暗挖法、盾构法等多种方法涌现,推动了地铁建设的高速发展。

地铁车站修建方法很多,主要有明挖法、盖挖法、浅埋暗挖法和盾构法等。选择何种方法要依据具体条件和各种方法的特点,经充分论证后决定。一般应考虑如下问题:①工程地质、水文地质条件;②埋深及使用要求;③结构物周围埋设物及建筑物情况;④施工现场周围环境、交通状况及对地表下沉量的限制要求;⑤施工技术熟练程度;⑥施工机械化程度;⑦工程造价;⑧工期要求等方面因素。

1.2.1　明挖法

1969年10月1日，北京地铁一期工程建成通车，标志着我国第一条城市地铁线路建设完成。一期工程是规划方案中1号线和环线的一部分，是北京地下铁道东西走向的干线，全长30.5km，其中运营线路从北京站到古城站，全长22.87km，后延长到苹果园站，全长23.6km，建设工期为4年零3个月。一期工程采取的是敞口明挖施工方法，车站及少数特殊地段采用了工字钢支护明挖施工，在木樨地过河段采用了钢板桩围堰法施工，隧道均为整体式钢筋混凝土矩形框架结构。我国早期地铁车站修建主要采用明挖法，以北京地铁一、二期工程为代表，车站型式主要为单层三跨岛式车站，局部为两层（上层为站厅），设备管理用房处于地下。

1976年1月，天津轨道交通1号线新华路至海光寺段3.6km试通车，成为继北京之后第二条建成的地铁。全线采用浅埋明挖型式，车站为单层多跨框架结构，区间隧道为明挖双跨矩形框架结构，设备管理用房设于地面。

20世纪80年代，上海地铁开始修建，车站型式以双层三跨岛式为主，地下一层为站厅层，二层为站台层，覆土1~3m，采用明挖法施工。

明挖法是修建地下工程的常用施工方法。其施工程序是先从地表向下开挖基坑，直至设计标高后，自基底由下向上顺序施工，完成地下工程主体结构后恢复路面，最终完成地下工程施工。

根据基坑是否设置围护结构，可将明挖法基坑分为有围护结构基坑和放坡开挖基坑两大类。有围护结构基坑的常用支护方式又有桩（墙）＋内支撑体系和桩（墙）＋锚杆支撑体系，如图1-10所示。

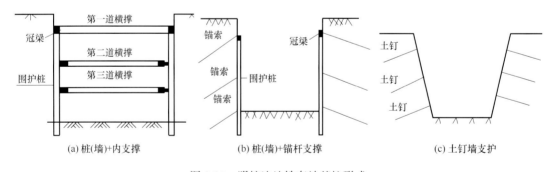

图1-10　明挖法地铁车站基坑形式

明挖法施工一般可以分为五个步骤：围护结构施工、基坑降水、土石方开挖（支撑体系支设）、主体结构施工、管线恢复及覆土，如图1-11为某三层地铁车站施工步骤。

明挖法施工的优点：

（1）使用功能好。明挖法施工无特定条件限制，能很好地适应各类地质条件。车站出入口可灵活布置，并可兼作城市地下通道，与商业有机结合。

（2）施工方法简单，施工技术成熟。

（3）施工作业面多，施工速度快，工期短。

（4）工程造价较低，能较好地保证工程质量。

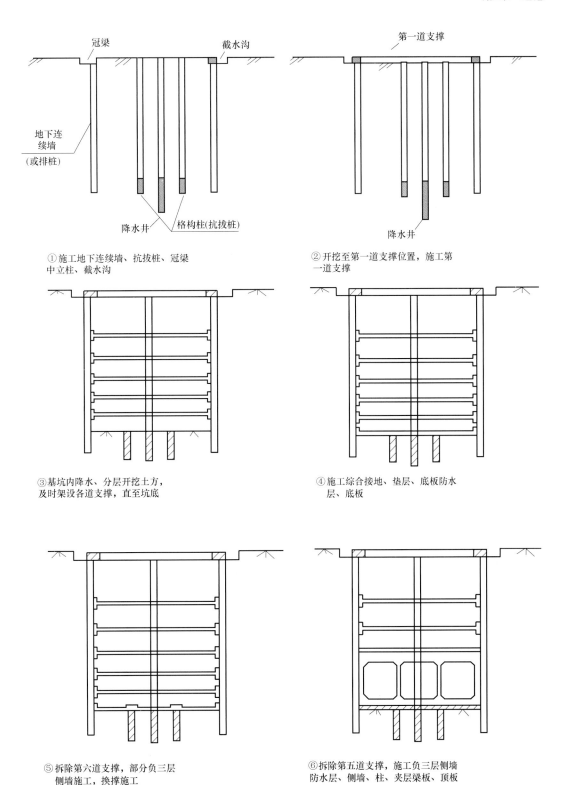

图 1-11 明挖法地铁车站施工步骤（一）

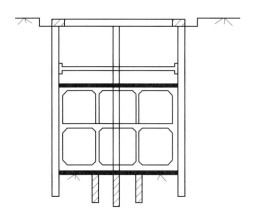
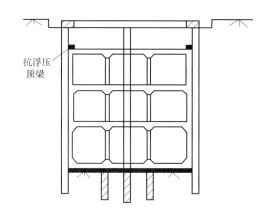

⑦拆除第三、四道支撑,施工负三层侧墙防水层、侧墙、柱、夹层梁板、顶板

⑧拆除第二道支撑,依次施工负一层侧墙防水层、侧墙、柱、顶板及抗浮压顶梁

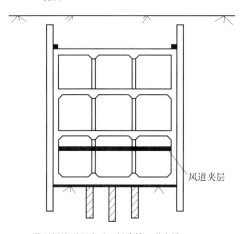
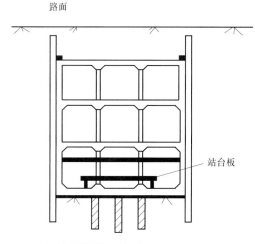

⑨顶板达到强度后,拆除第一道支撑,封堵,临时立柱空洞,回填土恢复路面

⑩施工站板等附属结构

图 1-11 明挖法地铁车站施工步骤(二)

明挖法施工的缺点:

(1) 施工对地面交通与周边环境条件影响较大,且噪声和粉尘等污染较多。
(2) 外界气象条件对施工进度影响较大。
(3) 施工场地大,工程拆迁范围较大。

明挖法的适用条件:

随着地铁建设的不断进行,我国明挖施工技术日趋成熟。但由于地铁建设往往需要穿过城市繁荣的核心区,明挖法"开膛破肚"式的施工方式已无法满足我国地铁建设的要求。但由于明挖法施工作业面多、施工速度快、工期短、工程造价低等优点,在地面交通和周边环境允许的条件下,目前浅埋地铁车站部分工程施工仍采用明挖法施工,其与不同类型的围护结构结合能适用于各种地层。

1.2.2 盖挖法

盖挖法是首先修筑临时路面系统，然后在路面系统下修建地下结构的施工方法的通称。早在20世纪50年代初，盖挖法就被应用于加拿大多伦多地铁施工中。20世纪60年代同样被成功应用于西班牙马德里市的隧道工程中。比利时布鲁塞尔的米蒂地铁车站的修建也采用了盖挖法，因此盖挖法也称"布鲁塞尔法"。

盖挖法最早使用的时候，是在路面下施工的，"盖挖顺作法"将钢梁和临时路面分别架设在支护基坑的工字钢桩上，来维持地面交通。意大利米兰地铁首次使用了"盖挖逆作法"，其施工与前者相比，主要改进在于用连续墙取代了钢桩，用结构顶板代替了临时路面系统和临时横撑，结构施作顺序与传统相反，自上而下。随后盖挖法在国外很多城市的隧道建设中被采用。尤其在日本，通过工程实践，总结了一套较完整的设计施工经验。

国内的盖挖法是在20世纪80年代中期，由哈尔滨人防系统创造性发展起来的。哈尔滨秋林街地下通道、奋斗路地下商业街都是盖挖法成功应用的范例。长春、延吉、石家庄等地也在80年代末先后成功应用盖挖法修建了一大批地下防空工程和地下商场。

20世纪90年代初，北京前门4号、7号人行地下通道和地铁复八线大北窑车站、永安里车站、天安门东站3座车站都采用盖挖法修建，将盖挖法施工技术在北京地区推到了一个新阶段。20世纪90年代中、后期，随着上海、广州等国内一线城市的快速发展，适合闹市浅地层的盖挖法得到了广泛应用。施工过程中基坑支撑通常选用钢管或者混凝土支撑，临时路面系统采用在六四式加强军用梁上放置工字钢的方式，在上面铺钢板或混凝土预制盖板，再铺设沥青混凝土路面。

近年来，上海地铁工程建设中，将国外先进的盖板经验与国内传统基坑施工及环境保护理论相结合，使盖板体系与基坑支护体系有机融合，形成了一种新型的盖挖法结构体系。它是在吸收和借鉴国内外地铁车站建设的盖挖法技术基础上，提出的构建一个可循环使用的标准化、模数化的临时路面体系工艺，其采用了临时路面钢筋混凝土结构充当了首道支撑的作用。施作完路面结构以后，向下开挖基坑逆作施工，采用钢支撑与楼板结合组成的框架，提高了基坑的安全性、稳定性。在上海轨道交通多个车站采用了这种施工方法，取得了显著的社会效果，提高了经济效益。

盖挖法根据基坑开挖与结构浇筑顺序的不同，可将施工方法分为3类：盖挖顺作法、半逆作法和逆作法。盖挖顺作法与明挖法并无太大不同，半逆作法则与逆作法相近。所谓逆作法，其施工顺序与顺作法相反，在地下结构施工时不架设临时支撑，而以结构本身作为挡墙和支撑，从上向下依次开挖土方和修筑主体结构。

盖挖逆作法的施工步骤（图1-12）为先在地表面向下做基坑的围护结构和中间桩柱，随后开挖地表土至主体结构顶板地面标高，利用未开挖的土体作为土模浇筑顶板，待回填土后恢复地面交通。之后自上而下逐层开挖并建造主体结构直至底板。

盖挖逆作法的优点：

(1) 能在短时间内恢复交通，减少对周边环境的影响。
(2) 盖挖法最先修筑顶板，地下、地上施工同时进行，能有效地缩短工程工期。
(3) 结构本身用于支撑，减少了临时支撑，提高了工程施工的安全性。

步骤1 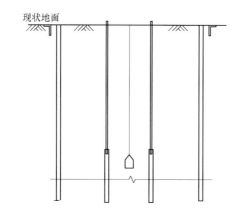 施工围挡，平整场地，管线拆改，进行交通疏解，施作地下连续墙、SMW桩和中间格构柱。

步骤2 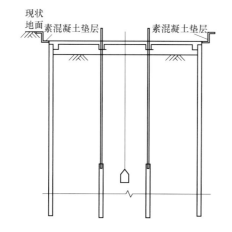 坑内降水，开挖土体到顶板下，施作挡墙、素混凝土垫层、顶板、顶纵梁、顶板防水层和保护层。

步骤3 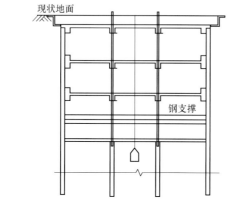 待地下顶板及顶纵梁强度达到设计强度后，恢复管线，土方回填；依次开挖并施作一层中板及纵梁、地下二层中板及纵梁、钢支撑。

图1-12 盖挖逆作法地铁车站施工步骤（一）

步骤4

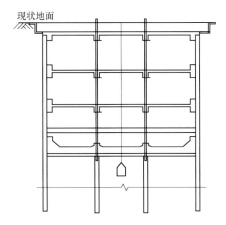

开挖至基坑坑底，施作垫层、铺底及底板防水层；施作地下三层底板底纵梁、部分边墙防水层及部分边墙。

步骤5

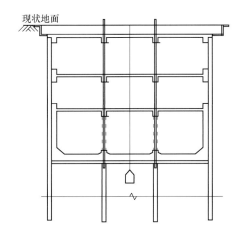

待地下三层底板达到设计强度，拆除钢支撑，继续施作地下三层边墙防水层、边墙及柱子与地下二层中板相接。

步骤6

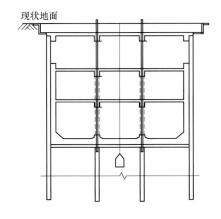

待地下三层边墙及柱子达到设计强度后，施作地下二层边墙防水层、边墙及柱子与地下一层中板相接。

图 1-12　盖挖逆作法地铁车站施工步骤（二）

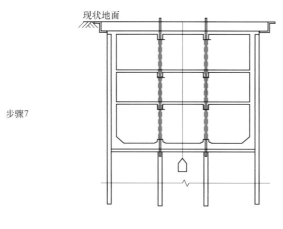

图 1-12　盖挖逆作法地铁车站施工步骤（三）

盖挖逆作法的缺点：

（1）初期施工时仍需大面积开挖地面，对地面交通和周边环境有一定的影响。

（2）地下结构的土方开挖和结构施工在顶板覆盖下进行，难以使用大型施工机械，降低了施工效率。

（3）需要设置临时立柱，增加了工程费用。

盖挖逆作法的适用条件：

盖挖逆作法主要适用于大平面、大深度和复杂结构的地下工程。除此之外，盖挖逆作法还适用于作业空间狭小、工期要求紧迫和要求尽快恢复地面交通的工程。

1.2.3　浅埋暗挖法

在日本、德国、意大利等国家，隧道施工技术发展较早且较为成熟。我国先后从国外引进一系列新技术新理念，并结合工程实际不断完善和革新，半个世纪以来隧道施工技术突飞猛进，正在向自动化、大规模化方向发展。

在国内，明挖法以及部分暗挖法，如浅埋暗挖法和盾构法都已经得到了广泛的应用。新奥法于 20 世纪 60 年代末首次传入中国，即使被引进的时间相对短暂，但在我国隧道施工中却有着举足轻重的地位。新奥法进入我国后，在 20 世纪 80 年代修建的大瑶山铁路隧道（双线，全长 14.3km）建设中得到首次应用。经过多年的发展和探索，从业人员发现其在浅埋软弱地层隧道施工中存在着一些弊端，于是，在沿用新奥法基本原理的基础上，王梦恕院士团队创新性地提出和开发了一套适用于浅埋软弱地层隧道的施工理念和成套技术，并于 1987 年在北京市科学技术委员会与原铁道部科技司共同组织的鉴定会上被正式命名为"浅埋暗挖法"。浅埋暗挖法又经过十几年的广泛应用，形成了一套完整的配套技术和辅助施工方法，并逐步凝练成"管超前、严注浆、短进尺、强支护、早封闭、勤量测"的十八字方针，在城市地铁建设中显示出了巨大的活力，具有很强的适应性和不可比拟的优势。

浅埋暗挖法是在新奥法的基础上，结合中国国情创立的一种地下工程施工技术。相比新奥法，较明显的区别在于浅埋暗挖法采用足够刚度的复合式衬砌（由刚度较大的初期支护、二次衬砌和之间的防水层组成）作为基本承载结构，施工中更加注重临时支护的强度和及时性、辅助工法的应用、短步距的开挖支护方式、地下水的处理，并采用现场监控量测来指导设计与施工。1984 年，在军都山隧道黄土试验段的成功经验指导下，王梦恕院士大胆地提出了"城市浅埋暗挖法"的施工方案，首次将其运用于北京复兴门地铁折返线工程，开辟了修建地铁的新途径。

浅埋暗挖法是在开挖中采用多种辅助施工措施加固围岩，充分调动围岩的自承能力，开挖后即时支护、封闭成环，使其与围岩共同作用形成联合支护体系，有效地抑制围岩过大变形的一种综合施工技术。浅埋暗挖法沿用了新奥法的基本原理：采用复合衬砌，初期支护承担全部基本荷载，二次衬砌作为安全储备，初期支护、二次衬砌共同承担特殊荷载；采用多种辅助工法，超前支护，改善加固围岩，调动部分围岩自承能力；采用不同开挖方法即时支护、封闭成环，使其与围岩共同作用形成联合支护体系；采用信息化设计与施工。浅埋暗挖法在设计理念上与新奥法有所不同，但浅埋暗挖法也采用了新奥法中广泛采用的顺序开挖、地面加固、喷射混凝土、监测等技术。应用浅埋暗挖法设计、施工时，采用多种辅助工法调动部分围岩的自承能力；采用不同的开挖方法即时支护、封闭成环，使其与围岩共同作用形成联合支护体系；在施工过程中应用监控量测、信息反馈和优化设计，实现不塌方、少沉降、安全施工等，并形成多种综合配套技术。浅埋暗挖法施工的地下洞室具有埋深浅、地层岩性差、存在地下水、周围环境复杂等特点。但由于造价低、拆迁少、灵活多变、不干扰地面交通和周围环境等特点，被广泛应用在城市地铁车站的修建过程中。浅埋暗挖法施工有如下特点：

1. 围岩变形波及地表

浅埋隧道施工中开挖的影响将波及地表。为了避免对地面建筑物及地层内埋设的线路管网等的破坏，保护地面自然景观，克服对地上交通的影响，更好地适应周围环境的要求，必须严格控制地中及地表的沉陷变形。在变形量方面，不仅要考虑由于开挖直接引起围岩的沉降变形，还应考虑由于围岩的作用引起支护体系的柔性变形及各阶段施工中基础下沉变位而引起的结构整体位移。与变形量相对应的地层塑性区的发展，除了对周围环境的影响外，还削弱了围岩的稳定能力，使施工更加困难。

2. 要求刚性支护或地层改良

浅埋暗挖法施工时，其支护时间要尽可能提前，支护的刚度也应适当加大，以便抑制地中及地表的变形沉陷。除必须选用适当的开挖方法、支护方式及施工工艺外，还经常采用对前方围岩条件进行改良及超前支护等作为控制地层沉降变形的基本措施。

3. 通过试验段来指导设计及施工

由于周围环境及隧道所处地段地质的复杂性，往往需要选取地质条件和结构情况有代表性的一段工程作为试验段。在做出包括结构设计、施工方案、试验及量测计划的设计后，先期开工。对施工过程中引起地中及地表的沉陷变形、支护结构及围岩应力状态、地面环境的影响程度等情况进行观察、量测、分析和研究。通过试验段施工中所取得的数据，还可以用反分析方法获得更符合实际的围岩力学参数，并在此基础上进行力学分析计算。通过对试验段施工的研究分析，除进行优化设计及制定施工方案外，还可对量测数据管理标准进行验证。

采用浅埋暗挖法施工时，常见的典型施工方法是正台阶法以及适用于特殊地层条件的其他施工方法，如全断面法、单侧壁导坑超前正台阶法、双侧壁导坑法（眼镜法）、中隔墙法等。应当注意的是，在选择施工方法时，应当根据具体地下工程的各方面条件综合考虑，选择最经济、最理想的设计和施工方案，甚至是多种方案的综合应用，因而这是一个受多种因素影响的动态的择优过程。

浅埋暗挖工程施工中应根据不同的围岩工程地质条件、水文地质条件、工程建筑要求、机具设备、施工技术条件、施工技术水平、施工经验等多种因素，选择行之有效的一种或多种施工方法。因为主要影响因素是围岩的地质条件，当围岩较稳定且岩体较坚硬时，施工时往往采用先把隧道坑道断面开挖好，然后修筑支护结构，并且有条件时可以争取一次把全断面挖成。当围岩稳定性较差时，则需要随开挖随支撑，防止围岩变形及产生坍塌；开挖坑道后，须及时修筑永久性支护结构，尤其是坑道开挖的顶部，一般在上部断面挖成后先修筑拱圈，在拱圈的保护下再开挖坑道下部断面，即称为先拱后墙法。当围岩地质条件较好时，衬砌修筑可以先修筑边墙，之后再修筑拱圈，即为采用先墙后拱法施工。

1.2.4 盾构扩挖法

地铁作为城市交通的重要组成部分，对缓解交通拥堵、提高城市效率和提升城市现代化水平发挥着巨大的作用。随着轨道交通的线网成型和迅速发展，地铁建设将面临越来越复杂的环境，如道路狭窄、大量的周边邻近建（构）筑物、密集的地下管线和地下空间布局紧张等，这些复杂的环境可能会导致地铁线路布置困难、施工风险加大。在此背景下，衍生出了一种对常规盾构隧道进行车站扩挖的施工技术，即盾构扩挖法。

目前，国际上对于盾构扩挖施工较为常用的两种途径是：一是采用扩径盾构的方法，二是在盾构区间基础上采用传统的方法进行扩挖施工。扩径盾构法施工，其原理是在原有盾构隧道部分区间上进行直径扩展，用以满足修建地铁车站和安装其他相关设备的需要。从我国目前的基本国情来看此种工法还不太成熟，现阶段采用盾构扩挖法修建地铁车站更宜采取在盾构隧道施工完毕后利用传统的施工方法进行扩挖的途径。其过程是：盾构法施工先行通过，在已形成的盾构区间隧道基础上采用传统的施工方法即矿山法进行扩挖，这样不仅可以大幅度缩短盾构机的停机等待时间，确保施工期间的安全，也比较好地解决了多年来城市地铁在盾构不具备设置接收井的复杂条件下如何修建地铁车站，同时又如何最大限度提高地铁盾构一次掘进效率的难题。

关于盾构区间隧道基础上扩挖修建地铁车站的工法，国内一些工程已经进行了一些尝试，例如，北京地铁 10 号线三元桥站就进行了明挖拓展地铁车站相关试验，结合 10 号线的整体项目规划和三元桥车站的施工环境，该站首先采用区间掘进盾构先行贯通过站，然后整环拆除车站大部分范围内的盾构管片，最后采用普通明挖法修建地铁车站。为了探索部分管片保留的拓挖车站方式，计划以从车站端部起 18.6m 范围的车站段作为试验段，进行拆除部分盾构管片的地铁车站明挖法修建的方案研究。北京交通大学的刘维宁教授、路美丽博士等学者对该试验段工程进行了相关研究，图 1-13 和图 1-14 给出了三元桥车站试验段明挖和暗挖两种开挖方式的初步设计方案。遗憾的是这两种新型车站结构方案由于三元桥站工期紧的问题，未能得以实施。

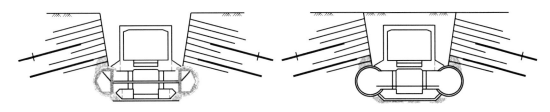

图 1-13 三元桥车站试验段的明挖施工步骤

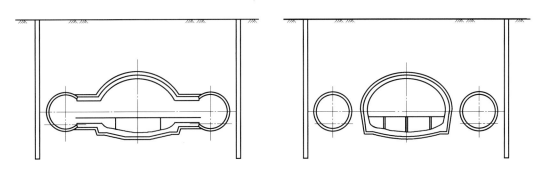

图 1-14 三元桥车站试验段的暗挖施工步骤

西南交通大学的何川教授、李围等人以广州地铁 3 号线林和西路站为工程研究对象，根据建站的规模、使用功能及站位地形地质条件，提出了两连拱结构岛式站台车站、三条平行隧道岛式站台车站、三连拱结构岛式和侧式站台车站以及四条平行隧道岛式和侧式站台车站方案，并结合新奥法针对这四种车站结构形式提出了相应的施工方法和实施步骤。

西南交通大学的漆泰岳教授团队以广州地铁 6 号线东山口车站作为项目背景，针对盾构隧道扩挖地铁车站的方法进行了大型三维模型试验及数值模拟分析，提出了针对地层的最优加固方案和合理工序，并成功应用于该项工程之中，大大节约了成本和缩短了工期。

1.2.5 装配式地铁车站

地铁衬砌结构在早期均采用现浇技术建造，随着技术的发展，19 世纪末英国伦敦地铁率先采用盾构法施工，修建了埋深 20~30m、直径 3.2m、长 10km 的区间隧道，这标志着预制装配式技术首次在地下工程中应用并获得成功。经过百余年的发展，盾构隧道已经在世界各国成功应用于地铁、公路、市政等多个领域。

地下结构应用预制装配技术起源于 20 世纪 50 年代，苏联为了解决冬季寒冷气候给现浇混凝土施工带来的影响，在明挖法施工的地铁区间隧道、车站主体及附属通道等工程中研究应用了预制装配技术。

1996 年，俄罗斯建成第一座采用预制装配技术建造的地铁单拱双层换乘枢纽奥林匹克站，装配拱顶结构是在矿山法暗挖条件下形成的，由两个带千斤顶的钢筋锲形接头挤压连接，车站内部结构也是由预制构件拼装而成。

法国奥贝尔车站，也是在矿山法暗挖条件下采用预制装配技术拼装车站拱部结构，施工工期比传统施工方法节省 6 个月。

装配式地铁车站在日本、欧洲、俄罗斯等地区已有较多运用，而该技术在国内起步较晚，运用较少。在铁路矿山法隧道工程中也曾有局部采用装配式衬砌的先例，如西秦岭特长铁路隧道的仰拱采用预制化的技术，墙和拱现场浇筑。在地铁方面，长春地铁 2 号线袁家店地铁车站采用了全预制装配式的施工工艺，装配段截面形式为由七块管片拼装而成，管片环节点采用榫接形式，环间采用精轧螺纹钢张拉锁定。

1.2.6　新管幕法（NTR）

新管幕法全称为 New Tubular Roof Method，简称"NTR 工法"。NTR 工法在韩国已经是较成熟的工法，其主要特点是：根据工程特点，不需要降水或仅需局部降水，地面沉降量小，施工过程不需要管线迁改，施工风险小，工期较短。该工法无论是超前支护施工，还是二次衬砌混凝土浇筑及防水工艺，都与国内传统暗挖施工方法有很多不同之处。

NTR 工法于 2008 年在沈阳地铁 2 号线新乐遗址站（全暗挖车站）主体及风道建设中被采用（图 1-15），在全第四纪地层中实现了大型暗挖地下车站的营建，并实现了盾构过站与车站建设同步实施。该工法为中国大陆首次采用，建设技术在借鉴国外既有技术的基础上，结合国内标准与规范条件、具体工程环境和需求进一步发展，丰富和完善了国内地下工程暗挖技术的内容及手段。

NTR 工法的作业流程主要包括：垂直 Gallery（投料口）设置工程；返力墙组装安装及材料搬入工程；测量钢管压入位置及头管设置工程；钢管压入、内部开挖及位置调整工程；钢管上部部分切割及防水铁板牵引、压入工程；为保证地基稳定在钢管外部做的灌浆工程；固定铁板焊接及抗土压支撑设置工程；上部板及墙体模板设置工程；钢筋或应力构建（H-Beam Girder）设置工程；侧壁及上部混凝土板浇筑工程；隧道构筑物下部开挖工程；下部钢管切割去除及隧道面整理工程；下部板钢筋组装及混凝土浇筑工程；最后至隧道构筑物完成。

在选择施工方法时，要根据各种因素并结合地质条件变化的实际情况，采取有效的施工方法。施工方法对结构形式的确定和工程造价有决定性的影响，施工方法的选定，受制于工程地质和水文地质条件、环境条件、车站埋置深度和施工期间周边地面的交通组织等因素。

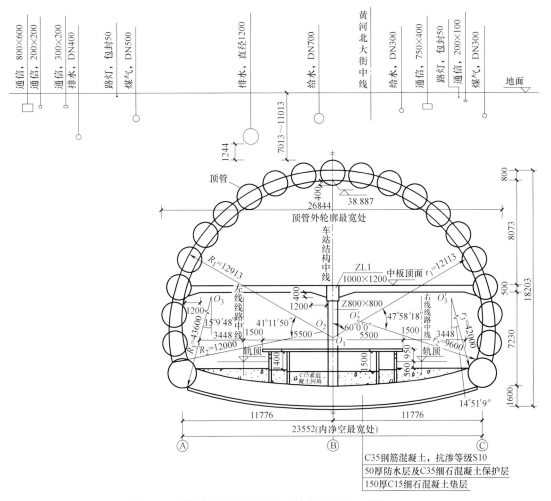

图 1-15 采用新管幕法实现的地铁车站断面（单位：mm）

第 2 章

地铁车站暗挖法施工工法

2.1 概述

随着我国城镇化建设及地下工程的迅猛发展，位于城市繁华地段和复杂地质条件等特殊环境的大型地下结构日益增多。部分地段地下空间的开挖对其周边既有建（构）筑物、地表交通基础设施的变形控制要求较高，传统浅埋暗挖工法往往难以满足实际工程需求，迫切需要研究采用一些更加科学、安全、高效、变形可控的大跨浅埋城市地下工程暗挖建造方法。

1964 年，新奥法理念提出后，新奥法以其技术可行、施工安全以及经济合理等诸多优点在世界各地隧道工程建造过程中受到广泛关注及推广应用。20 世纪 60 年代末，新奥法传入我国并首次成功用于衡广复线大瑶山铁路隧道（双线，长 14.3km，1981 年 1 月至 1988 年 11 月建造），随后应用于大秦铁路军都山隧道工程的软岩段（双线，长 8.5km，1985 年 1 月至 1988 年 8 月建造）。

1984 年，北京地铁二期工程建成通车，但因无法与一期工程前门站及北京站进行连接环行，从而降低了地铁工程带来的经济社会效益。为了能使苹果园站—复兴门站的区间车辆在复兴门站进行折返，北京市政府决定修通复兴门站折返线，从而通过在二环路下形成环线地铁来吸引客流，提高运送能力。为了避免对复兴门大街等交通要道开膛破肚开挖，王梦恕院士等专家基于军都山软岩隧道建造的经验提出了不影响地面交通的施工方案，提出了适用于浅埋软弱地层的新的施工理念，并成功应用于复兴门折返线工程，开辟了建造地铁的新途径。这套施工理念于 1987 年正式被命名为"浅埋暗挖法"，并获北京市科学进步一等奖以及国家科学技术进步二等奖。

浅埋暗挖法继承了新奥法中广泛采用的顺序开挖、地面加固、喷射混凝土以及监控量测等技术。然而，浅埋暗挖法在进行隧道结构设计时，还需采用多种辅助工法来调动围岩自承能力，并即时支护、尽早封环，从而使得支护结构与围岩共同形成联合支护体系。此外，隧道施工过程中还需辅以监控量测、信息反馈来对初始设计进行动态优化。最后基于形成的综合配套技术以达到不塌方、少沉降、安全施工的目的。浅埋暗挖法能灵活适用于埋深较浅、地层岩性差、地下水存在等周围环境复杂的工程地质条件。同时，由于其不干扰地面交通与周围环境等特点而被广泛推广应用于其他工程领域。

浅埋暗挖法是一种新型的隧道施工理念，而非一套具体的开挖支护技术。经过多年的工程实践以及理论提升，浅埋暗挖法的核心理念被归纳为"管超前、严注浆、短开挖、强支护、快封闭、勤量测"十八字方针。至此，浅埋暗挖法理念被广泛应用于我国大断面地铁车站建造并取得了持续性发展。

由于地下工程的开发逐渐向大跨度、立体式综合利用、非开挖等方向发展，因支护结构设计或施工等因素引发周边建（构）筑物坍塌变形等事故层出不穷，城区地下工程施工对周边环境的影响愈发引人关注。因此，为确保地下施工安全和最大限度地降低其施工对周边既有工程设施及环境的影响，基于我国地下工程自身的特点，在传统工艺工法的基础上，地下工程暗挖工法在实践中被不断创造、使用、改进和提高。地下工程技术人员结合实际需求开展了施工技术攻关，逐渐形成了一些新的地铁车站暗挖工法并被成功应用。

2.2 中洞法

2.2.1 简介

中洞法是一种比较常用的开挖浅埋暗挖地下工程的工法，是浅埋暗挖法中对控制围岩变形比较理想的一种施工方法。中洞法产生的地面沉降比较小，两侧导洞开挖产生的沉降不会相互叠加，并且施工的灵活性高，对地面建筑物和地下管线的影响也非常小，是目前地铁车站施工过程中经常选用的一种施工方法。同时，该方法也存在自身的缺点，由于施工的导洞较多，造成了施工的效率不高、作业环境较差、大型机械的工作效果不佳、对地下结构防水的要求较高等。但是，中洞法在城市地铁的修建中，特别是在浅埋暗挖大跨车站的施工中应用比较多，并且具有比较好的发展前景，尤其是在三跨两柱式的暗挖车站中具有更好的适用性。

2.2.2 施工步骤

中洞法的施工步骤大致为：把地质条件比较差的大跨隧道开挖断面分成三部分，各部分又进行条块分割，减小了每次开挖断面的尺寸，很好地保证了施工安全。具体的开挖流程是：先开挖中间导洞，并施作初期支护；在临时支护内部施作永久支护结构，形成中立柱支撑；接着开始对称开挖边侧导洞并进行支护。具体施工步骤见表2-1。

中洞法施工步骤　　　　表2-1

序号	步骤图例	说明
1	（超前管棚、初期支护，分块编号1、3、2、5、4、7、6、8）	由上至下依次开挖及支护中洞

续表

序号	步骤图例	说明
2		在导洞内施作顶、底纵梁及钢管柱
3		逐段拆除中隔壁,施作顶、底部二次衬砌及中楼板
4		由上至下对称开挖及支护①、②、③、④区,形成侧洞

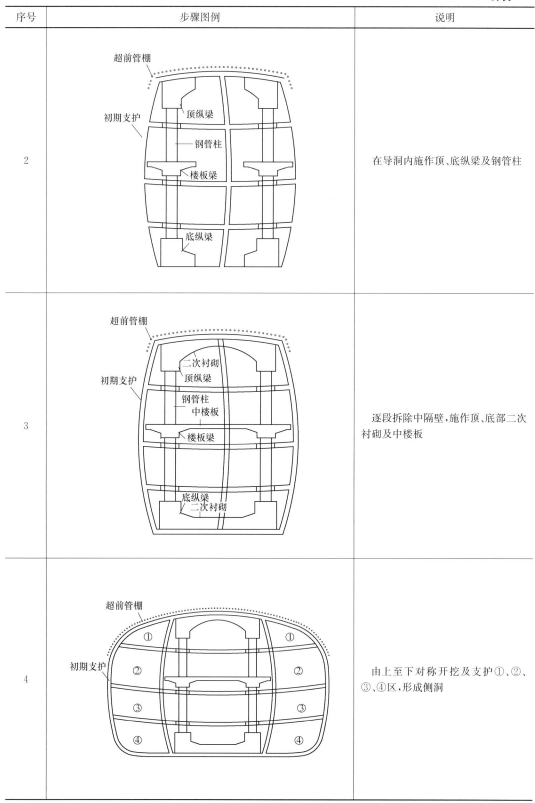

续表

序号	步骤图例	说明
5		逐段拆除下半部分中隔壁,施作下半部分二次衬砌,待二次衬砌达到强度后,架设钢支撑
6		逐段拆除上半部分中隔壁,施作上半部分二次衬砌,待二次衬砌达到强度后,拆除钢支撑,完成车站主体结构

2.2.3 中洞法的基本形式

三拱两柱中洞法,该施工方法在北京地铁5号线天坛东门站的施工中得到了成功应用,该工法是先开挖中间导洞,然后再施作底纵梁和中立柱支护,这些支护结构施工完成后,对左右侧的导洞采用对称开挖,最后再进行二次衬砌的施工。

单拱双柱中洞法,该施工方法在北京地铁5号线崇文门站施工中得到了成功应用,该工法的中洞分成了双层断面分四层八部开挖,接着施作中立柱支护,再对称开挖左右两侧导洞,最后再进行二次衬砌的施作。

两拱单柱中洞法,该施工方法已经在北京地铁10号线安定路站的双连拱隧道中得到了很好的应用,该工法是开挖过程中先开挖中间的导洞,然后施作中隔墙,中隔墙施工完成后,再对称开挖两侧导洞并施作初期支护,最后施作二次衬砌支护,形成双连拱隧道。

2.2.4 适用范围

中洞法比较适用于在围岩较差的 V 级围岩中施工,在修建单、双层中大跨度的地下工程中对控制变形具有比较好的效果。

2.3 侧洞法

2.3.1 简介

侧洞法是一种比较常用的开挖浅埋暗挖地下工程的工法。侧洞法施工就是先开挖两侧部分（侧洞），在侧洞内做梁、柱结构，然后再开挖中间部分（中洞），并逐渐将中洞顶部荷载通过侧洞初期支护转移到梁、柱上。

这种施工方法，在处理中洞顶部荷载转移时，相对于中洞法要困难一些。两侧洞施工时，中洞上方土体经受多次扰动，形成危及中洞的上小下大的梯形、三角形扰动区。土体直接压在中洞上，中洞施工若不够谨慎就可能发生坍塌。

侧洞法施工大跨单拱隧道，对围岩扰动较大，易产生较大的地面沉降，施工中根据不同情况，应在监测信息指导下，采用多种地层加固技术，有效控制地面沉降。各个分部开挖过程中，及时地设置临时横撑能有效地抑制隧道的整体沉降和不均匀沉降，减小隧道初次支护结构的变形。采用侧洞法施工结构内力转变复杂，施工时应建立一套严密的监控量测反馈体系，及时掌握现场施工信息，确保施工安全。

2.3.2 施工步骤

侧洞法的施工步骤大致为：先各自开挖侧面的六个导洞，并施作初期支护，封闭成环，待开挖完成之后，施作立柱和二次衬砌，形成闭合的受力系统，之后以台阶法开挖中间的土体，用钢支撑倒换未施作的二次衬砌，待二次衬砌施作完毕并达到规定强度后，拆除临时钢支撑。具体施工步骤见表2-2。

侧洞法施工步骤　　　　　　　表2-2

序号	步骤图例	说明
1	超前管棚(自基坑内施作)、间插小导管、初期支护、格栅喷射混凝土、锁脚锚杆	施作超前支护，注浆加固地层，前后开挖两侧1号洞室，施作初期支护，两侧同号洞室纵向间距30～50m
2	初期支护	继续前后开挖两侧2号洞室，施作初期支护，1、2号洞室纵向间距15m左右
3	初期支护	施作超前支护，前后开挖两侧3号洞室，施作初期支护，2号与3号洞室纵向间距30～50m
4	初期支护	继续前后开挖两侧4号洞室，施作初期支护，3号与4号洞室纵向间距15m左右

续表

序号	步骤图例	说明
5		继续前后开挖两侧5号洞室，施作初期支护，4号与5号洞室纵向间距15m左右
6		继续前后开挖两侧6号洞室，施作初期支护，5号与6号洞室纵向间距30～50m
7		在临时仰拱上凿洞，施作底梁、中柱与顶梁（含防水），并预留施工缝；对梁进行临时支撑固定（此步骤可视监测情况直接跳至下一步骤）
8		根据监测情况纵向分段拆除中隔壁、临时支撑，逐步完成侧洞底板防水与二次衬砌；两侧导洞内作业纵向错开间距30～50m
9		根据监测情况纵向分段拆除中隔壁、临时仰拱及临时支撑，逐步完成侧洞防水与二次衬砌；两侧导洞内作业纵向错开间距30～50m

续表

序号	步骤图例	说明
10		中洞上台阶开挖,纵向紧跟施作拱顶初期支护,中隔壁穿孔及时架设顶梁水平钢支撑
11		中洞纵向紧随中台阶开挖,视监测情况拉结中隔壁,凿除顶部中隔壁并施作顶板防水与二次衬砌
12		短台阶紧随开挖下台阶土体,穿洞架设临时钢支撑,开挖至基底封闭初期支护(同时顶板达到规定强度后可拆除顶部临时支撑)
13		紧跟前步初期支护,分段拆除临时中隔壁和施作底板防水与二次衬砌结构;拆除临时钢支撑,完成暗挖段主体结构

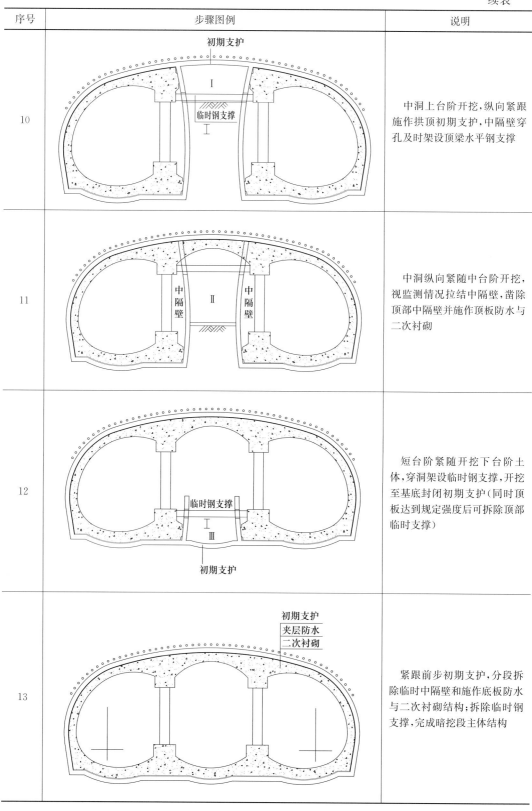

2.3.3 适用范围

侧洞法适用于车站建设场地上方没有特别重大建（构）筑物，地下管线情况比较明了，位于城市非敏感地带的车站建设；对于地面有特别重大建（构）筑物或敏感管线的，对施工工期要求比较苛刻，隧道所处地层的地质水文条件比较好的，也建议采用侧洞法施工。

2.4 柱洞法

2.4.1 简介

柱洞法是地铁车站暗挖施工常用的工法之一，柱洞法施工过程对地层的扰动比侧洞法的小，分块、支撑及其拆除量比中洞法的少，工序相对较少，具有较好的经济性和安全性，因而得到了广泛应用。

施工中，先在立柱位置施作一个小导洞，可用台阶法开挖。当小导洞做好后，在洞内再做底梁、立柱和顶梁，形成一个细而高的纵向结构。该工法的关键是如何确保两侧开挖后初期支护同步作用在顶纵梁上，而且柱子左右水平力要同时加上且保持相等。

2.4.2 施工步骤

柱洞法的施工步骤大致为：先各自开挖中间的三个导洞，并施作初期支护，待开挖完成之后，施作立柱，之后开挖中间的土体，用钢支撑倒换未施作的二次衬砌，待二次衬砌施作完毕并达到强度后，拆除临时钢支撑，即在中部形成一个完整闭合的受力体系，再进行侧面各自三个导洞的开挖及二次衬砌的建立。具体施工步骤见表2-3。

柱洞法施工步骤　　　　表2-3

序号	步骤图例	说明
1		施作超前支护，台阶开挖中部两侧1号洞室，施作初期支护，两侧同号洞室纵向间距30m左右开挖
2、3		采用台阶法前后开挖两侧2、3号洞室。施作初期支护，1、2、3号洞室纵向间距15m左右

续表

序号	步骤图例	说明
4		施作地基底纵梁及防水,架设钢管柱,施作顶纵梁及防水。留好施工缝,临时支撑固定
5		中洞上台阶开挖,纵向紧跟施作拱顶初期支护;中隔壁穿孔及时架设顶梁水平钢支撑
6		中洞纵向紧随下台阶开挖,视监测情况分段调整钢支撑,分段凿除顶部中隔壁并施作中拱顶板防水与二次衬砌
7		继续开挖中洞洞室,施作初期支护
8		跟随开挖中洞下台阶土体,开挖至基底,及时封闭底部初期支护

续表

序号	步骤图例	说明
9		完成中洞底板及防水层
10		中洞内衬形成稳定承重结构后,开始两侧4号洞室对称开挖,视监测情况调整钢支撑
11		对称开挖两侧5号洞室,4、5号洞室纵向间距15m左右
12		对称开挖6号洞室,5、6号洞室纵向间距15m
13		根据监测情况纵向分段拆除中隔壁、临时支撑,逐步完成侧洞底板防水与二次衬砌;两侧导洞内作业应左右对称

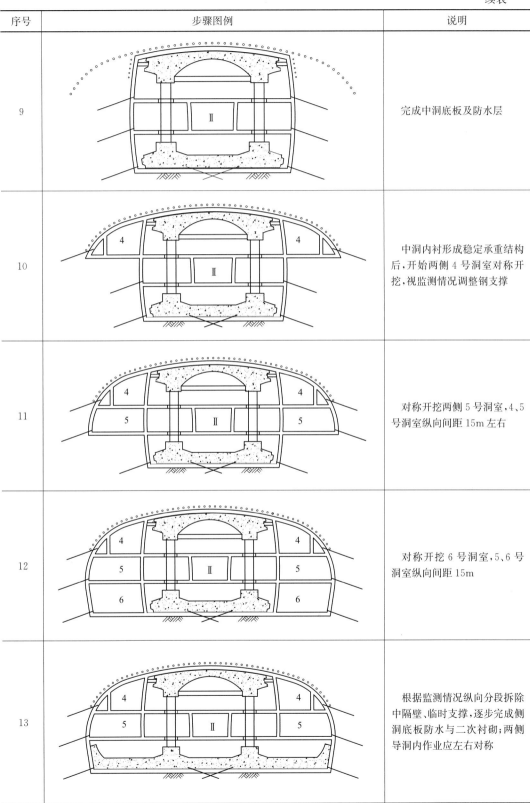

序号	步骤图例	说明
14	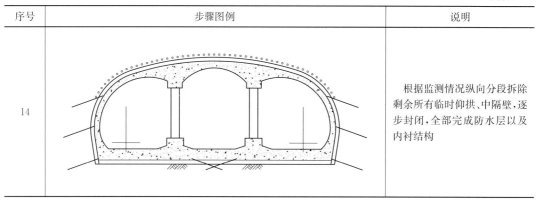	根据监测情况纵向分段拆除剩余所有临时仰拱、中隔壁,逐步封闭,全部完成防水层以及内衬结构

2.4.3 适用范围

在隧道建设场地上方有特别重大建（构）筑物,地下管线情况比较不利时,或隧道所处地层的水文地质条件比较不利时,应采用对地面沉降控制比较有利的柱洞法进行施工。如工程对工期要求比较严格,在有条件的情况下,可采取设置工作竖井、增加工作面的方法,加快施工进度,但应注意同期施工引起的沉降叠加效应。

2.5 洞桩法（PBA 工法）

2.5.1 简介

洞桩法又称为 PBA（Pile Beam Arch）工法,适用于大型地下空间的修建。该工法主要是利用小导洞和桩技术在对地层不产生大的扰动的情况下,在地下形成梁、柱纵向支撑体系；一旦扣拱完成,即全面形成纵横向框架空间支撑体系。在此支撑体系保护下可安全地开挖站厅层和站台层。

洞桩法的优点主要体现在以下几个方面：

(1) 有效控制地表沉降。采用 PBA 法施工的地铁车站,地表沉降主要发生在导洞开挖和拱的施作过程中。后期土方开挖都是在牢固的拱-桩-柱支撑体系的保护下进行,有效降低了大规模土体开挖对地表沉降的影响。

(2) 有效提升开挖效率并确保较高的施工质量。只要两个相邻导洞的工作面之间有一定距离,就可以同时进行多个导洞的施工。此外,在大断面空间形成后可以实现机械化快速施工。如防水层和二次衬砌可在大空间内进行施工,既保证了防水效果,又保证了现浇混凝土衬砌的质量。

(3) 提高地铁车站空间利用率。直墙式地铁车站比弧形墙式地铁车站更能充分利用空间,断面利用率更高。

(4) 方便实现绿色智能化建造。PBA 法相较于传统暗挖法大大减少了临时结构的拆除量,并且可以较为便捷地实现地铁车站从单跨到多跨的标准化施工,而不需要对支护设计进行过多的改变。

2.5.2 施工步骤

洞桩法具体施工步骤见表2-4。

洞桩法施工步骤 　　　　　表 2-4

序号	步骤图例	说明
1	Ⓐ 线路中心线　Ⓑ 车站中心线　Ⓒ 线路中心线　Ⓓ	施作上导洞
2	Ⓐ Ⓑ Ⓒ Ⓓ	在导洞内施作边桩及中柱
3	Ⓐ Ⓑ Ⓒ Ⓓ	施作天梁

续表

序号	步骤图例	说明
4		施作顶盖拱初衬
5		拆除部分小导洞,施作顶部二衬
6		向下开挖土体,施作中楼板及站厅层边墙

序号	步骤图例	说明
7	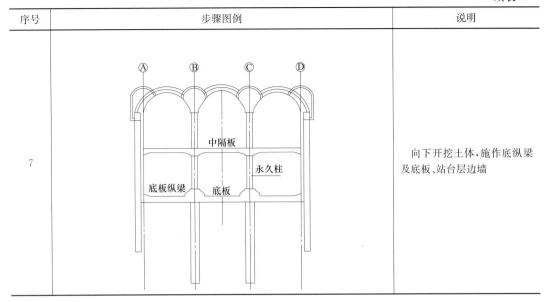	向下开挖土体,施作底纵梁及底板、站台层边墙

2.5.3 适用范围

洞桩法在围岩松散软弱、含水量比较少的地层中比较适用,施工过程中根据实际情况可以采用单跨、双跨或多跨结构,洞桩法的适应性比较强,具有比较高的灵活性,可以根据实际情况进行调整,对断面的利用可以发挥到比较好的效果,对周边环境影响比较小、施工安全性比较高,并且不受跨度的制约。通过分析已建的工程可以说明洞桩法在地质条件比较复杂、跨度比较大的条件下都得到了成功的应用。

2.6 一次扣拱暗挖逆作法

2.6.1 简介

一次扣拱暗挖逆作法是新发明的暗挖车站施工技术。该工法在北京地铁黄庄站中首次提出并成功实施,目前,在长春的解放大路站及北京的大望路站也应用了此工法。一次扣拱暗挖逆作法是结合工法和盖挖逆作法而演绎出的新技术。该工法大大减小了施工过程中的风险,而且施工空间大、施工速度快。采用较少数目的大导洞,解决了传统暗挖法中导洞多而小、结构经过多次力学转换等技术问题。此工法不仅适用于车站结构,同样也适用于其他地下建筑结构,如地下商场及地下停车场等。一次扣拱暗挖逆作法较传统暗挖法存在一定的优势,但也有一定的局限性。单纯的一次扣拱暗挖逆作法只适用于奇数跨的多层地下框架结构,这一点没有传统工法灵活。而其中条形基础的设计成为整个构筑物稳定性的关键。

2.6.2 施工步骤

一次扣拱暗挖逆作法的施工步骤大致为:在地下结构施工空间中,至少开挖一对上导洞和下导洞，然后对洞壁进行初期支护；先在下导洞的底部铺设防水层，再在防水层上浇筑结构底板；再由上导洞向下施作中间立柱及边桩；在上导洞的拱顶铺设防水层，并浇筑结构拱顶部分；然后开挖两个上导洞间的土体，形成中间上导洞，并浇筑中跨上导洞结构拱顶部分；凿除上导洞底端的初期支护，开挖初期支护以下的土体，浇筑中层楼板和结构侧墙；开挖下导洞顶部初期支护和中楼板之间的剩余土体，凿除下导洞上端的初期支护，并浇筑剩余结构侧墙、浇筑中间跨结构底板。具体施工步骤见表 2-5。

一次扣拱暗挖逆作法施工步骤 表 2-5

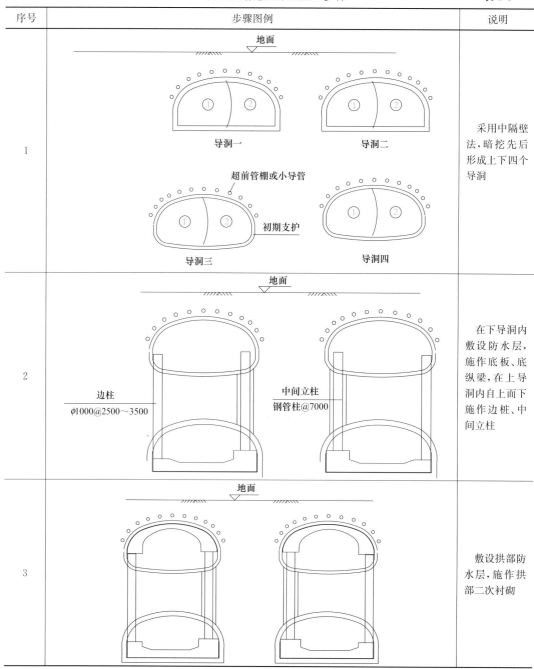

序号	步骤图例	说明
1		采用中隔壁法，暗挖先后形成上下四个导洞
2		在下导洞内敷设防水层，施作底板、底纵梁，在上导洞内自上而下施作边桩、中间立柱
3		敷设拱部防水层，施作拱部二次衬砌

续表

序号	步骤图例	说明
4	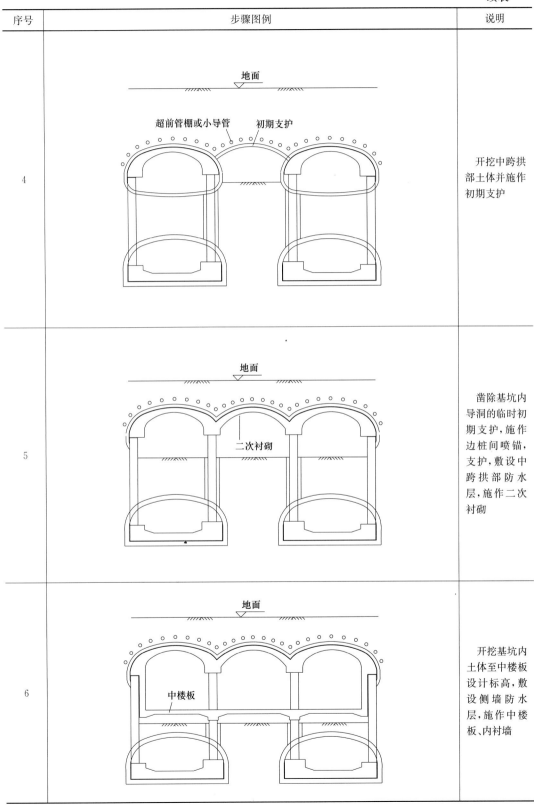	开挖中跨拱部土体并施作初期支护
5		凿除基坑内导洞的临时初期支护,施作边桩间喷锚,支护,敷设中跨拱部防水层,施作二次衬砌
6		开挖基坑内土体至中楼板设计标高,敷设侧墙防水层,施作中楼板、内衬墙

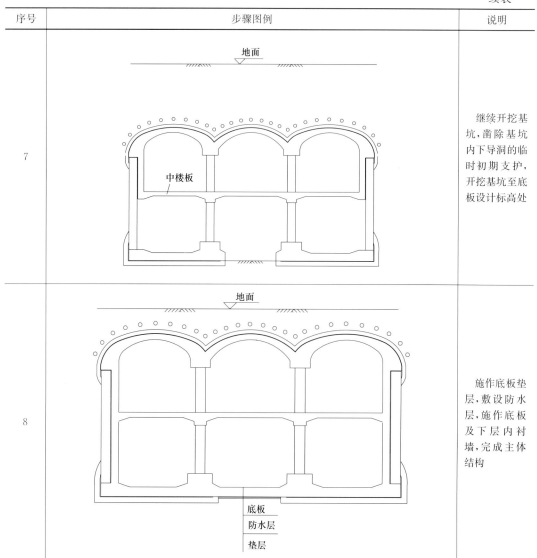

序号	步骤图例	说明
7		继续开挖基坑,凿除基坑内下导洞的临时初期支护,开挖基坑至底板设计标高处
8		施作底板垫层,敷设防水层,施作底板及下层内衬墙,完成主体结构

2.6.3 适用范围

一次扣拱暗挖逆作法避免了暗挖传统工法的修建缺陷,其施工速度更快,结构受力转换次数更少,施作空间更大,节点结构体系更简化,能更好地控制地表沉降和群洞效应,因此适用于城市繁华地区修建各种大型单跨多层或多跨多层地下建筑。

2.7 拱盖法

2.7.1 简介

拱盖法是在明挖法、盖挖法和 PBA 工法基础上创建的适用于上软下硬、风化岩石地层的一种暗挖施工方法。该方法的核心思想是充分利用下伏围岩的承载能力和稳定性，在不爆破或弱爆破的条件下，采用PBA工法的小导洞形式进行初期支护扣拱施工，同时采用大拱脚方案取代PBA工法中的边桩或边柱，将拱部初期支护与二次衬砌结构支撑在两侧稳定基岩上，形成拱盖；在拱盖的保护下，进行地下盖挖逆作或顺作施工。

为了实现大跨或多跨结构施工，扣拱过程采用PBA工法的小导洞形式，实现由小洞到扣拱大跨的转换。为了保证拱盖的整体稳定性，大拱脚下设纵向冠梁，将拱盖上部荷载均匀地传递给下伏基岩。为了保持地下高边墙围岩的稳定，采取预应力锚索+锚喷支护，实现了地下大空间作业。为了控制沉降、保护已施工结构，采用减振爆破和松动爆破，减小了对地层与已施工结构的扰动。

相比PBA等其他工法，拱盖法的优点是：导洞少、工序少、扰动少、地面沉降小、支护简单、废弃工程量小，没有边桩、无临时支撑，造价低，拱盖形成后即可大面积作业，效率高，工期短。缺点是：围岩强度要求高，主要适用于风化岩石地层，尤其是上软下硬的土岩复合地层。

2.7.2 施工步骤

拱盖法具体施工步骤见表2-6。

拱盖法施工步骤　　　　表2-6

序号	步骤图例	说明
1		开挖左导洞，施作锚杆，及时架设格栅完成初期支护施作
2		开挖右导洞，施作锚杆，及时架设格栅完成初期支护施作

续表

序号	步骤图例	说明
3		开挖中导洞,施作锚杆,及时架设格栅完成拱部初期支护施作;施作拱底托梁
4		分段拆除拱部临时支撑,铺设防水层,施作拱部二次衬砌并预留侧墙施工缝;同时应加强监控量测,以便及时调整分段长度
5		放坡开挖中下部围岩,喷射混凝土支护
6		由上至下开挖车站下部两侧围岩,每步开挖至当层锚杆下0.5m

续表

序号	步骤图例	说明
7		铺设底板及部分侧墙防水层，采用顺作法施作主体结构底板、部分侧墙及柱子
8		铺设侧墙剩余防水层，施作主体结构剩余侧墙、中板及柱子

2.7.3 适用范围

拱盖法能够很好地破解地铁工程面临的地层上软下硬的难题，非常适合风化岩石地层浅埋暗挖大跨地铁车站的施工。

2.8 盾构扩挖法

2.8.1 简介

盾构扩挖法是一种配合盾构法修建地铁车站的施工方法，这种施工方法可一次采用盾构法将区间隧道和过站隧道贯通，再在盾构隧道的基础上扩挖而形成地铁车站；或直接利用大直径盾构机或连体盾构机修建地铁车站。配合盾构法修建地铁车站的优点是可充分有效地利用盾构设备，达到进一步提高地铁工程的建设质量、缩短建设周期，从总体上较大幅度地降低工程造价的目的，从而使得盾构法在城市地铁工程中得到了大规模的应用；同时不影响地面交通和不中断地下生命线（上下水道、电线和电话线管道以及天然气管道等），且施工安全、机械化程度高。这种施工方法适用于市区深埋车站和线路交汇处换乘下层站等。

2.8.2 施工步骤

盾构扩挖法具体施工步骤见表2-7。

盾构扩挖法施工步骤　　　　表2-7

序号	步骤图例	说明
1		盾构通过车站并到达接收井后,施工盾构内中墙,预留顶拱和底板主体结构钢筋接驳器,架设洞内临时支撑。对侧导洞范围进行深孔注浆加固,开挖扩挖结构侧导洞,洞内施工围护桩、旋喷桩、冠梁等
2		侧导洞内初衬施工,预留初衬背后注浆管,并回填混凝土
3		对中洞周边深孔注浆加固。小导管注浆加固,对开挖中洞,初衬扣拱,设置临时仰拱。对上排导洞进行注浆加固。为减少不对称荷载产生的偏载影响,在侧导洞内与临时仰拱对应位置设置水平型钢拉杆
4		开挖土体至侧导洞底板位置,做临时封底

序号	步骤图例	说明
5		沿隧道纵向分段(5.4m),拆除盾构隧道部分K管片
6		对称拆除B块,此阶段侧导洞初衬不得凿除,拆除及运输主要利用盾构隧道内侧空间。第二道支撑作为施工平台
7		搭设拱顶二次衬砌脚手架,分段局部拆除侧导洞初衬,铺设防水层、绑扎钢筋、浇筑混凝土,完成二次衬砌扣拱,二次衬砌浇筑分段建议长度5.4m。提前施工下部土方开挖阶段洞内降水井
8		拆除脚手架,破除临时封底,对称开挖至盾构隧道内第三道支撑下

续表

序号	步骤图例	说明
9		拆除中部标准块管片及相应内部支撑
10		对称开挖至坑底设计标高。拆除下部标准块管片及相应内部支撑。及时施工垫层
11		施工防水层和保护层,绑扎钢筋,浇筑底板、侧墙二次衬砌混凝土,完成二次衬砌结构施工。施工站台板等内部结构

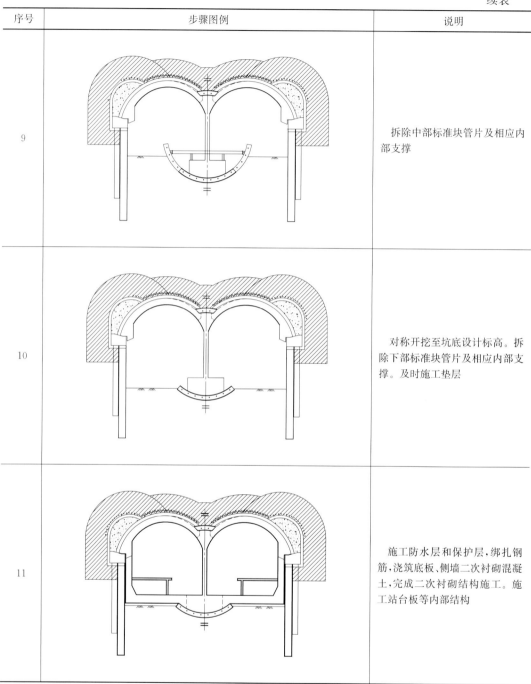

2.8.3 适用范围

盾构扩挖法适用于城市繁华地区,在地面不具备盾构施工基本条件的情况下,在不影响地面建筑物和地下管线正常使用的前提下修建地铁车站,适用于市区深埋车站和线路交汇处换乘下层站等。

2.9 新管幕法

2.9.1 简介

新管幕法又称为 NTR（New Tubular Roof Method）工法，于 2008 年在沈阳地铁 2 号线新乐遗址站（全暗挖车站）主体及风道建设中被采用，在全第四纪地层中实现了大型暗挖地下车站的营建，并实现了盾构过站与车站建设同步实施。该工法为中国大陆首次采用，建设技术在借鉴国外既有技术的基础上，结合国内标准与规范条件、具体工程环境和需求进一步发展，丰富和完善了国内地下工程暗挖技术的内容及手段。

新管幕法在沈阳地铁实施后，从技术角度受到了业界的重视，但是由于造价较传统的浅埋暗挖法高，因此并没有得到大面积推广。在浅埋条件下（新乐遗址站覆土为 7~11m），新乐遗址站的实施仅展现了工法的可行性，综合技术经济指标并不具备优势；但是深入分析会发现该工法亦具有鲜明的技术特色与优势，主要表现在以下几方面：

（1）能进一步控制地层变形。大直径钢管采用分次顶进贯入地层，且能及时对管周地层进行填充注浆，因此群洞效应并不明显。在实施车站大体量土方开挖之前，衬砌结构已在大钢管围合的小空间内完成，地层的应力释放受到约束，车站的总体沉降得到有效控制；而其他浅埋暗挖工法往往开挖大量土方或完成群洞后，方能形成竖向受力构件及体系。

（2）从结构受力角度考虑，车站为带仰拱的马蹄形断面，对于地下工程结构，该断面受力性能优于传统的直墙断面车站，能够充分发挥拱部、曲墙、仰拱材料承受轴向压力的性能。

（3）车站拱、墙完成后，地下空间的开挖类似于一般基坑作业，便于大型机械的使用，工效显著提高，这对深埋暗挖工程尤其可贵。

（4）钢管顶进过程中，遇到地下水处理措施较灵活。既可"以堵为主"，又可根据掌子面位置、布管深度进行局部降水，推迟了全车站大范围区域降水的时间（或者少降水），有利于地下水资源的保护，并进一步减小对周围建（构）筑物的沉降影响。

（5）在地下基坑向下开挖的过程中，如遇到地层中富水（如车站站台层），可以利用已开挖空间（如站厅层）实施连续的降水，由于空间开敞，便于实施洞内降水和排水组织；边墙此时已经形成，具有显著的隔离作用，降水的范围与体量能够得到进一步减少。

（6）新管幕法工况阶段简明，总体方案具有较大的弹性和可扩展性，可依据具体的工程条件作为集成更复杂工序和工艺的技术平台。该工法既可用于困难节点的实施（在韩国地铁施工中，类似工法最早仅局部用于下穿沉降控制指标苛刻的既有地铁车站、地下商场等），也可在车站全长使用；洞内土方开挖时，能够形成较为开敞的空间，为各种工艺的实施提供必要的空间；工法的主要工序——顶管、治水、开挖可以采用各种适宜的方式实施，以应对不同地层条件。

2.9.2 施工步骤

新管幕法具体施工步骤见表 2-8。

新管幕法施工步骤 表2-8

序号	步骤图例	说明
1	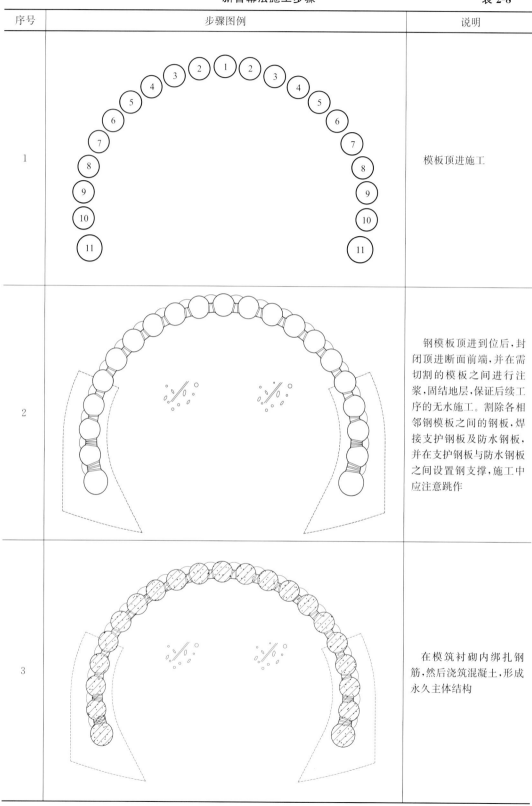	模板顶进施工
2		钢模板顶进到位后,封闭顶进断面前端,并在需切割的模板之间进行注浆,固结地层,保证后续工序的无水施工。割除各相邻钢模板之间的钢板,焊接支护钢板及防水钢板,并在支护钢板与防水钢板之间设置钢支撑,施工中应注意跳作
3		在模筑衬砌内绑扎钢筋,然后浇筑混凝土,形成永久主体结构

续表

序号	步骤图例	说明
4	(图例：临时支撑)	分层开挖结构内的地层土体,开挖到预定高度设置临时钢拉杆；开挖到底板底面高程时,处理结构底面防水,绑扎底板钢筋,并和边墙底部钢筋进行连接,浇筑底板混凝土；拆除结构内临时支撑,形成完整的永久结构,同时施工底板
5	(图例)	顺作法施工中板

2.9.3 适用范围

新管幕法特别适合在城市第四纪软土地层中使用,当工程地质为富水砂层时,本工法的优势将体现得更为明显,能够避免传统暗挖法需要降水和难以克服过大沉降等两大顽疾,并能有效地降低工程风险,封闭性较好,较大程度地避免了涌水、涌砂、掌子面失稳等工程灾害。

2.10 PBA工法地铁车站设计指引

PBA工法这种浅埋暗挖法的特点非常突出,该工法结合了盖挖法和暗挖法的优点,对地层扰动小,结构安全性高,能较好地控制地层变形和对周边既有建(构)筑物的影响,对复杂的周边环境有良好的适应性,特别适合于软土地区暗挖车站施工。这种工法已经成为北京地区暗挖车站的主流工法,在最近两轮地铁建设中大量地运用了这种工法,结合北京地区交通导改、管线迁改难度及投资花费,与明挖施工法相比,PBA 工法与之持平甚至优于明挖法,已成为北京地区乃至全国暗挖地铁车站的典型工法,在全国得到推广应用。

2.10.1 PBA 工法概况

PBA 工法是在浅埋暗挖法的基础上,结合了盖挖法的理念发展起来的,P-桩（pile）、B-梁（beam）、A-拱（arch）,即由边桩、中桩（柱）、顶底梁、顶拱共同构成初期受力体系,承受施工过程的荷载。其核心思想在于尽快形成竖向承载结构,然后在顶拱和边桩的保护下,逐层向下开挖土体,施工内部结构。该工法灵活多变,适应性较强。首先设法形成由侧壁支撑结构和拱部初期支护组成的整体竖向支护体系,代替传统的预支护和初期支护结构,以保证在进行洞室主体部分开挖时具有足够的安全度,并有效地控制地层沉降。具体为利用预先开挖的两侧小导洞空间,施作侧壁支撑结构（钻孔灌注桩或人工挖孔灌注桩加桩顶冠梁）和主洞的拱脚,再进行主洞的扣拱施工,最后在侧壁支撑结构和主洞拱顶初期支护构成的整体支护体系形成后,采用大型机械全断面开挖洞室的主体部分。小导洞施工有利于洞室的自稳,对地层的扰动小,引起的地表沉降较小；侧壁支撑结构强度高、稳定性好,可以作为施工止水帷幕,也可作为永久结构的一部分（图 2-1、图 2-2）。

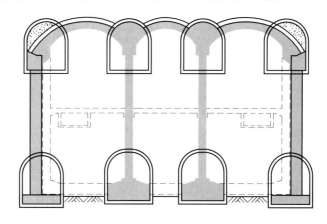

图 2-1 PBA 工法八导洞断面

1. PBA 工法的优点

（1）桩、梁、拱、柱先期形成,首先形成了主受力的空间框架体系,后面的开挖都是在顶盖的保护下进行,施工安全且后期土方开挖施工空间开阔,可采用机械开挖,作业效率高,整体施工速度快、精度高,施工中也便于地下水的处理。

（2）施工化大为小,独立成洞,支撑体系成型后进行后期土方施工,有利于变形控制,对周边环境影响小,适用于复杂条件下大跨暗挖车站施工。

（3）洞桩法施工灵活,施工基本不受层数、跨数的影响,底部承载结构可根据地层条件做成底纵梁（条基）或桩基。

（4）小导洞施工技术成熟、安全可靠,由于各导洞间具有一定距离,故可同步进行导洞施工,施工干扰小,各导洞内的柱、纵梁也可同时作业。

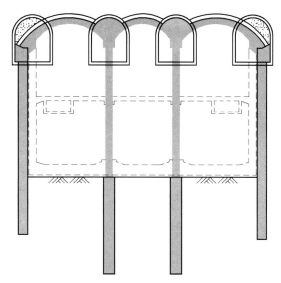

图 2-2　PBA 工法四导洞断面

(5) 直墙式结构内有效净空大,节省了曲墙及仰拱结构工程投入。

(6) 结构二次衬砌分段浇筑,工序简单,作业面宽敞,能较好地保证防水层及二次衬砌混凝土的浇筑质量。

2. PBA 工法的缺点

(1) 施工工艺复杂,施工难度大(特别是洞内进行钻孔灌注桩施工难度较大,泥浆排泄比较难),结构力系转换频繁,给设计和施工都增加了不小的难度。

(2) 洞桩法在一个十分狭窄的小导洞内完成一系列的钢筋、立模、浇筑、吊装等操作,作业环境较差。

(3) 扣拱施工作业条件差,拱架节点不易连接,操作技术难度大。

(4) 施工工序多,工作面多,相互有一定干扰,施工组织复杂。

(5) 工期较长,造价较高。

2.10.2　PBA 工法车站设计理念

PBA 工法的设计理念仍属于浅埋暗挖法范畴,是在暗挖工法基础上结合了盖挖法的技术特点,其工法思想为在即将开挖的结构轮廓周边,先期施作部分断面较小的洞室,利用人工或机械形成由边桩、中桩(柱)、顶底梁、顶拱共同组成整个结构框架的初期结构竖向受力体系,以承受施工过程中较大的竖向土体荷载,同时形成侧壁支撑体系,以承受土体侧压力,并在此过程中尽量减少结构体系的受力转换。其核心思想与浅埋暗挖法中的"化大为小"的开挖思路相统一。

对于地下暗挖工程而言,施工过程中对四周围岩压力的处理,是保证施工过程安全及环境安全的重点。传统的暗挖工法,主要采取将大断面分割成数个小断面分部开挖,在逐步二衬砌筑的同时实现初期支护及二次衬砌间的受力转换。而洞桩法车站的理念更注重于以较小的环境扰动代价尽快完成主要结构框架受力构件,其工法设计理念构思巧妙、工序转换严谨、实现方法灵活、结构形式多变、环境适应性强、施工安全性高、经济指标较合理，是目前国内外暗挖车站施工较为先进的建造技术。

对于北京地区的第四纪黏性土、粉性土及各种黏粉互层等较敏感围岩地质，洞桩法的理念能较好地满足工程建设在施工工期、技术难度、环境保护、工程造价、施工风险等方面的和谐统一，是目前北京地区使用最多的车站暗挖工法。

2.10.3　PBA 工法适用性

PBA 工法作为一种浅埋暗挖施工方法，其适用性是比较广的，配合降水（或堵水）及超前支护措施，适合各种土质或软弱无胶结的砂、卵石等第四纪地层。前些年这种工法主要在北京、东北等水位较低的地区使用，近些年已经有部分南方城市如成都、广州等地逐渐开始在一些交通繁忙、地下管线纵横交错、周边高楼林立、施工环境复杂等难以采用明挖施工的工点尝试采用。作为浅埋暗挖施工法，不允许带水作业，如果含水地层不能疏干，带水作业是非常危险的，开挖面的稳定性时刻受到威胁，甚至发生塌方。在有大范围的淤泥质软土、粉细砂地层，降水较为困难的，或是不允许降水的，或是采用堵水技术经济不合理的地层，不宜采用 PBA 工法。

PBA 工法虽然具有环境适应性强、施工安全性高、经济指标较合理等优点，但是作为暗挖工法，较明挖法仍然存在作业环境差、风险大、投资高、工期长、防水质量难以得到保障等问题，所以地铁车站修建仍然优先推荐使用明挖法施工，只有在一些施工沿线道路因交通繁忙、交通导改、管线迁改难度大或迁改费用较高，明挖法施工无法实现或实现困难的情况下才选用该工法。部分 PBA 工法车站，综合考虑交通导改、管线迁改、降水等因素，投资或工期能够与明挖法施工基本相当甚至优于明挖法。

2.10.4　PBA 工法设计流程

（1）充分论证车站明挖（或盖挖）施工的不可行性：交通导改无法实现；管线迁改无法实现或代价巨大。

（2）充分论证 PBA 工法施工的可行性：水文地质情况，地下水处理措施，竖井施工场地，车站埋深情况。

（3）竖井横通道结构设计：确定竖井位置、数量、大小、埋深，竖井结构，横通道结构形式、结构尺寸，地下水处理措施，风险源保护措施。

（4）导洞结构设计：确定导洞个数、结构尺寸，地下水处理措施，风险源保护措施。

（5）围护桩及中桩设计：施工方式、尺寸、间距等。

（6）初期支护扣拱设计：初期支护厚度，确定是否增加中隔壁，地下水处理措施，风险源保护措施。

（7）二次衬砌结构设计：根据结构计算情况确定二次衬砌结构尺寸。

2.10.5　PBA 工法车站结构形式选择

PBA 工法在传统浅埋暗挖工法的基础上吸收了盖挖逆筑法的特点，在此前提下，其结构形式灵活多变，可根据不同的环境情况、地层条件及功能需要选用不同的结构形式，有单跨双层、单跨多层、双跨双层、双跨多层、多跨双层、多跨多层等结构形式（图 2-3～图 2-6）；单层结构一般不采用洞桩法施工。

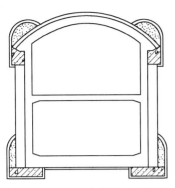
图 2-3　PBA 工法单跨双层结构

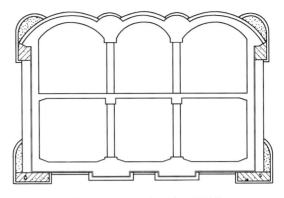
图 2-4　PBA 工法三跨双层结构

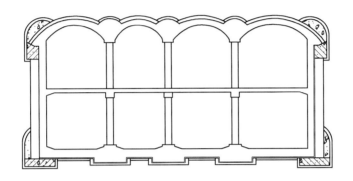

图 2-5　PBA 工法四跨双层结构

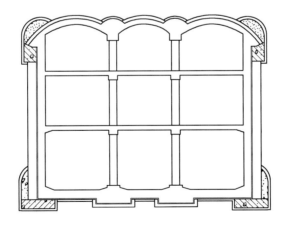

图 2-6　PBA 工法三跨三层结构

按洞桩承载方式划分，有边条基＋中条基、边桩基＋中条基、全桩基等结构形式（图 2-7、图 2-8）。采用桩基承载的话通常桩基会比较深，由于洞内施工钻孔桩比较困难，所以尽量使用条基结构形式。

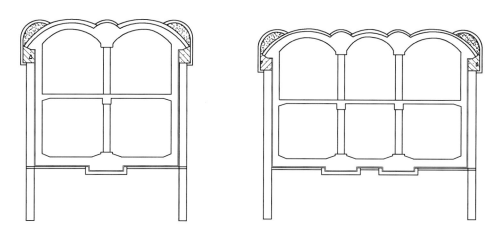

图 2-7　PBA 工法边桩基＋中条基结构形式

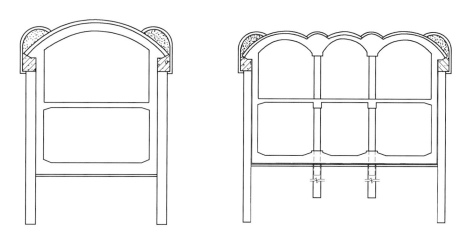

图 2-8　PBA 工法全桩基结构形式

另外按照竖向施工工序划分，有暗挖逆筑法、暗挖顺筑法、暗挖半逆筑法。通常二次衬砌结构采用逆筑法施工，这样中板及中纵梁可采用土模施工，避免了在结构底板上方大规模支设满堂红脚手架，同时减少了在顶拱下方架设钢支撑的不便。

对于 PBA 工法车站，结构形式较为灵活，可根据建筑方案采取适合的层数及跨数，多跨结构一般用于附属结构与车站并行或多站台并行的情况，对于主体结构主要是根据地质及地下水情况选取合适的洞桩承载形式。

PBA 工法通常选取条基结构形式，这种结构形式下边桩及中柱采用人工挖孔施工，施工便利且机动性强，基本不受地质条件限制，应用范围较广。但是这种工法由于暗挖开挖体量较大，工作环境较差，引起地层沉降较大，且由于下导洞开挖通常需进行降水，降水时间长，降水量较大。

采用边桩基＋中条基的结构形式时，边桩采用机械成孔灌注桩，中柱采用人工挖孔施工，这种做法相比全条基的做法优化了暗挖施工下边导洞及边条基的工作量，并可适当优化降水时间及降水量，对于车站周边敏感建筑物的影响较小，但是导洞内施工钻孔桩作业环境小、施工环境差，对施工机械能力要求高，尤其是遇到大直径卵石时对于功效影响较大。

全桩基的结构形式取消了下层导洞及条基，改善了施工作业环境，对于周边建（构）筑物影响较小，大大优化了降水时间及降水量，所以这种结构形式应该是PBA工法尽力推广的方向，但是这种工法在洞内采用钻孔桩施工对于地层条件有一定的限制，同时对于中柱施工精度提出了更高的要求。

第3章
地铁车站暗挖法辅助工法

3.1 概述

辅助工法是指在常规支护方式或顺序开挖措施不能提供有效解决方案或无优势的情况下，为确保隧道施工安全和周边环境安全而采取的一种次级或特殊的施工方法。辅助施工方法是针对软弱不良地层而提出的，其选择的正确与否直接关系到工程的成败和造价的高低，是衡量施工应变能力的重要标志。辅助施工方法已作为地下工程，尤其是浅埋地下工程暗挖法施工的一个重要分支进行研究和应用。施工前需根据围岩条件、施工方法、进度要求、机械配套及工程所处环境等情况，优先选择简单方法或同时采用几种综合辅助施工方法来加固地层，确保不塌方、少沉陷。

辅助工法根据其目的分为：顶板稳定、开挖面稳定、围岩稳定、地下水控制和地表（附近既有结构）位移控制。大多数辅助方法在浅埋暗挖法中都有多个功能；除排水法外，其他方法均能达到限制地表沉降的目的。通常同时采用多种辅助方法，超前支护、基础加固锚杆（桩）、管棚、接触注浆等辅助支护方法因其效率高、成本低而在浅埋暗挖法中得到广泛应用。辅助工法对浅埋暗挖法来说不仅是辅助的，而且是必要的，这些"必要的"辅助方法将在下面进一步讨论。

3.2 超前支护

地下工程施工最重要的是控制变形，保证其稳定性。在软弱、松散、富水地层中，采用超前支护（加固）辅助法修建地下工程，在工程界得到了广泛应用。目前超前支护方法主要有：超前小导管法、管棚法、水平旋喷法。

3.2.1 超前小导管法

1. 定义

超前小导管注浆法是指沿隧道的掌子面周围以一定角度插入小导管，并向小导管内注入浆液，待浆液与围岩胶结成为整体后，隧道掌子面前方岩体就形成了一定厚度的加固圈，管周注浆固结体形成一定厚度的隧道加固圈后，实现超前支护的目的。

小导管注浆加固是稳定工作面，给支护创造有利条件的必不可少的技术措施，在自稳能力差的砂、砂砾和含水的黏性土层中作用较明显。小导管注浆工序可分为封闭工作面、打孔、安设导管、注浆等。导管长度一般为2.5～3.5m，环向间距为0.3m。导管布设采用钻孔顶入法,即先用煤电钻(螺旋钻)或自制吹管成孔,用风钻或风镐顶入,效率较高。小导管注浆可采用止浆塞后退式注浆,注浆材料分两种:一是无水砂层用改性(酸性)水玻璃浆液;二是有水地段采用水泥水玻璃浆液(C-S)。注浆压力一般为0.4~0.6MPa。小导管起到了棚架梁和浆液通道的作用,同时通过注浆加固,小导管还起到了超前预支护的作用。超前小导管布置形式示意图如图3-1所示。

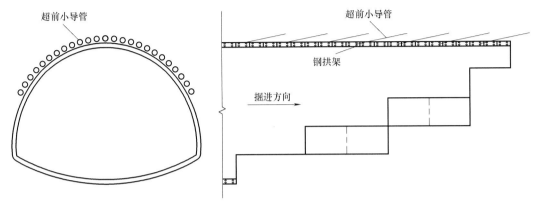

图3-1 超前小导管布置形式示意图

2. 原理

通过超前小导管注浆能改变围岩状况及稳定性,浆液注入软弱、松散地层或含水破碎围岩裂隙后,能与之紧密接触并凝固。浆液以充填、劈裂等方式,置换土颗粒间和岩石裂隙中的水分及空气后占据其位置,经过一定时间凝结,将原有的松散土颗粒或裂隙胶结成一个整体,形成一个新结构、强度大、防水性能良好的固结体,使得围岩松散破碎状况得到大幅度改善。

注浆原理就是在工作面周边,依据指定角度,将小管直接打入地层中,适当借助注浆泵压力,利用小导管渗透,完成渗透后,浆液会及时扩散到裂隙或孔隙中,进而改变土体物理力学性能。需要相关工作人员注意的是,该方法在具体应用期间,不仅可以起到止水效果,而且还能够在工作面四周形成一个符合实际情况的承载壳。超前小导管注浆施工工艺流程如图3-2所示。

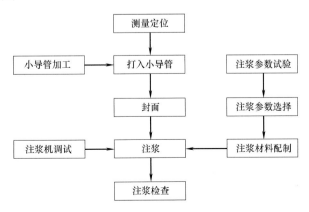

图3-2 超前小导管注浆施工工艺流程

3. 特点

（1）超前小导管是稳定开挖工作面的一种非常有效的辅助施工方法。主要用于自稳时间短的软弱破碎带、浅埋段、洞口偏压段、砂层段、砂卵石段、断层破碎带等地段的预支护。在软弱及破碎岩层施工中，超前小导管对松散岩层起到加固作用，注浆后增强了松散、软弱围岩的稳定性，有利于开挖后与完成初期支护时间内围岩的稳定，不至于围岩失稳破坏直至坍塌。

（2）超前小导管法，作为隧道超前预支护方法之一，具有简单易行、加固效果较好以及防水能力强等优点。其相对于超前锚杆，支护能力强；相对于管棚，简单易行且不需大型机械，可灵活布置，随地质条件变化可调整布置范围与注浆材料，施工速度相对较快且占据空间较小。对比于施工程序复杂、占用空间较大的旋喷注浆法和冻结法，超前小导管的施工简单得多。正是因为超前小导管注浆技术的各种优点使得其应用越来越多。

（3）该方法工艺简单，造价低，特别是在砂、土质松软地层中，应用十分广泛。但因其一次施作距离短、预支护刚度小，在地层压力大、地层位移控制要求严时，也限制了该方法的应用。

4. 作用机理

隧道在开挖时，会不可避免地扰动周围岩土体，使原始应力状态发生应力重分布。工作面设置小导管后，小导管通过其作用机理影响着应力重分布的状态，集中在两个方面：一是通过小导管注浆改善岩土体的物理力学性能，提升围岩的自稳能力；二是小导管自身具有和锚杆类似的功能，使隧道结构抵抗变形的能力得到提高。下面将从超前小导管的高压注浆和自身结构两方面详细阐述其加固机理。

（1）注浆加固作用机理

注浆的目的是：通过注浆改良岩土体的物理化学性质。其加固效果主要依靠以下3种作用：

1）化学胶结作用

浆液注入后，会发生胶结力的化学反应，将原本较松散的围岩粘结在一起，使围岩的整体性得到改善。

2）惰性填充作用

注浆材料以渗透、挤压等方式将围岩裂隙中的空气和水分赶走，填充围岩裂隙，约束围岩的变形。

3）离子交换作用

浆液材料与围岩的化学反应中会发生离子交换现象，使围岩成为力学性能更好的新材料。

（2）小导管自身加固作用机理

1）小导管的锚杆作用

小导管自身在超前支护中具有与锚杆类似的作用机理，包括连接作用、组合作用和挤压加固作用。

① 连接作用

小导管打设后便形成了锚杆系统，使开挖引起的松动岩体与深层较稳定的岩体锚固在一起，防止滑脱。

② 组合作用

在未受锚杆锚固时，层状岩土体是简单叠在一起的，在受到荷载作用时将产生各自的弯曲变形。当锚杆打入后，各岩层形成一个类似组合梁或拱的整体，共同受力和变形。同样的，超前小导管打入后也能发挥和锚杆一样的作用，使围岩得到加固。

③ 挤压加固作用

小导管布置后会对隧道四周一定深度的围岩进行挤压、粘结加固，使岩体处于三向受压状态，形成一个能承受一定荷载的稳定岩体。

2）小导管的梁拱效应

小导管打设完成后，导管前端由掌子面前方未开挖围岩支撑，后端固定在钢拱架上，形成梁结构。当掌子面开挖时，掌子面上方围岩压力通过"纵向梁"分散传递到掌子面前方围岩和后方的钢拱架上，从而减小掌子面上方围岩应力。

未打设小导管时，开挖面上方的应力主要由隧道自身形成的拱来承担。打设小导管后，小导管之间也会形成"横向拱"来承担围岩压力。虽然其形成的拱跨远小于隧道自身拱的跨度，但也能与隧道自身拱共同受力，改善隧道的承压能力。拱效应如图3-3所示。

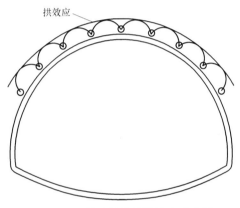

图3-3 超前小导管的拱效应示意图

5. 技术要点

（1）做好测量放线

施工作业正式开始前，要对钻孔位置进行精准放线，并且在该过程中要做好相应的标记，从而保证日后钻孔和复核等各项工作的顺利开展。放线作业的核心内容就是确定超前小导管中心和超前小导管间的距离，确保数据的准确性，从而为后续施工作业的开展提供支持。

（2）钻孔作业

钻孔施工作业开展前，要对施工中采用的钻机进行定位。在该过程中，需要施工人员注意的是，钻机定位要精准，要做好钻孔核实，对钻机钻头位置进行确定。在施工现场，可以采取挂线、全站仪、钻杆导向相互结合的方案施工。在施工现场，为了能够快速、合理地完成超前小导管的安装，需要选择直径大小合理的钻头。针对围岩稳定、均匀地段，在施工中可以实现一次成孔；对于围岩较差地段，在钻进期间，受周围环境因素影响，可能会发生卡钻、塌孔等各种不良现象。施工现场先进行注浆，应临时加固围岩后，再开展钻孔作业。钻机开钻期间要保持低速风压，在钻孔位置准确、钻机稳定后，依据地质的具体情况，对施工中采用的钻机的钻进速度、风压进行调整，确保钻进作业的顺利进行。钻进作业开展期间，要利用测斜仪对钻孔的方向进行准确测量，在该过程中，要依据钻机在钻进期间发生的各种情况，对成孔质量情况进行准确判断，同时，要对钻进作业中出现各项安全事故进行科学处理。完成钻孔作业后，要做好清孔和验孔作业。

（3）搬运与安装

搬运小导管是工程施工中一项重要内容，在搬运小导管时，为了避免发生安全事故，必须轻拿轻放,并且敲击小导管。搬运小导管时,必须采取合理措施对小导管进行保护,避免其发生变形。若发现小导管发生了变形,不得在施工中应用,要对变形的小导管进行重新加工,使其恢复垂直,再将其应用到工程中。安装小导管前,要检查钻孔质量,并且施工人员要清除孔内的土、碎石。完成钻孔后,要立即进行小导管安装。

(4) 注浆作业

完成小导管安装后,要进行压水试验。对于工程施工中采用的水泥浆液,应当采用拌合桶配制,在进行水泥浆配制时,施工人员要做好相应的防护工作,避免杂物进入到水泥浆液中,完成水泥浆液配制后应进行过滤。工程施工期间,为了加快注浆速度,使设备在施工中的应用效率得到进一步提升,可以采取群管方式进行注浆。注浆作业开展时应当坚持由下到上方式进行,并且要坚持无水原则。止浆环安装要在注浆前进行,要保证止浆环连接的可靠性和密封性。超前小导管要设置排气孔,完成超前小导管安装后,要及时注浆;水泥浆液在应用过程中要即拌即用,对于已经达到初凝的水泥浆液不得使用;对施工中采用的水泥浆液,要严格依据实际情况进行配比,确保后续施工作业中采用的水泥浆液质量能够达到要求标准;完成注浆后,要利用铁锤轻轻敲击钢管。若在该过程中,敲击声音清脆、响亮,则表明管内浆液未填满。此时,为了保证工程质量,要补浆或重新注浆。若敲击发生的响声沙哑、低沉,表明完成了注浆。

(5) 异常情况处理

注浆作业开展期间常见异常情况的处理措施如下:

1) 串浆现象是注浆施工中常见的一种现象,主要指的是,在进行注浆作业时,孔中的浆液会从其他孔中流出,进而对工程施工作业的开展造成不良影响。在施工期间,一旦发生串浆,要及时对施工中出现的串浆孔进行封堵。当需要对该孔进行注浆时,拿出堵物。

2) 注浆期间,若注浆压力突然变大,这可能是由于导管发生堵塞造成的,因此,要停止注浆作业,要做好相应的检查工作。在注浆期间发生了堵管,要敲击钢管或滚动钢管,进而保证浆液在浆管中流动的畅通性。如果在施工中,采取上述处理方式后注浆管仍然无法疏通,此时要补管。

3) 注浆期间,会出现孔内浆量过大,或者压力长时间无法升高的情况。针对这一问题,要对浆液的具体浓度和配合比情况进行适当调整,合理缩短胶凝时间,采用小泵量,通过低压方式进行注浆,为凝胶提供便利条件。

6. 技术建议

对于断面跨度在7m以下的砂性地层,可采用超前小导管支护。小导管各项指标如下:

(1) 小导管宜采用 $\phi 32mm \times 3.25mm$ 钢管。
(2) 注浆前宜先喷5cm厚喷射混凝土封闭掌子面,并在管口设止浆塞。
(3) 在北京地区,宜采用煤电钻和吹管施作小导管。

3.2.2 管棚法

1. 定义

管棚法又称伞拱法,是地下结构工程浅埋暗挖时的超前支护结构。其实质是在拟开挖的地下隧道或结构工程的衬砌拱圈隐埋弧线上，预先钻孔并安设惯性力矩较大的厚壁钢管，起临时超前支护作用，防止土层坍塌和地表下沉，以保证掘进与后续支护工艺安全运作。

管棚法是近年发展起来的一种在软弱围岩中进行隧道掘进的新技术。管棚法最早是作为隧道施工的一种辅助方法，在软岩隧道施工中穿越破碎带、松散带、软弱地层、涌水和涌砂层发挥了重要作用。预埋超前管棚作顶板及侧壁支撑，为后续的隧道开挖奠定了坚实的基础，且施工快、安全性高、工期短，被认为是隧道施工中解决冒顶的最有效、最合理的施工方法。

在自稳能力较差的地层中，为提高地层的整体刚度，施工部门常采用超前管棚支护技术。管棚支护技术中，管棚注浆是一项重要的工序，可分为两种：一种为浆液仅充填满钢管；另一种是浆液在地层中扩散，可隔孔进行。仅为充填满钢管注浆时，管棚不开孔，浆液可采用强度较高的水泥砂浆，从底部向孔口灌注，或设置引气孔，保证浆液的饱满度，注浆压力稍低，在 1.0MPa 以内。

管棚法被用于城市地下铁道的暗挖施工，在建筑物密集、交通繁忙的城市中心地区，采用明挖法施工地下工程必须拆迁大量的地层管网和地面建筑物，随着人们对环境保护的呼声越来越高及政府对环保的日益重视，承包商们不得不放弃既影响交通又不利于环境保护的明挖法而改用暗挖施工法，管棚法作为一种重要的暗挖施工法在日本、美国及欧洲各国被广泛采用。管棚法示意图如图 3-4 所示。

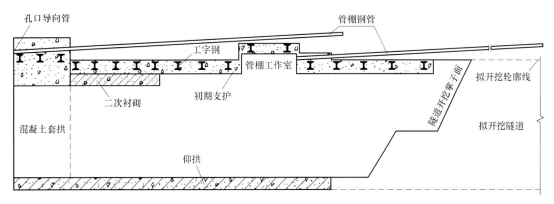

图 3-4 管棚法示意图

2. 原理

管棚超前支护技术的工作原理如下：

（1）管内压注水泥浆可以提高土体的物理强度，并能够增强管棚和周围土体的粘结力，使之更加密实，既起到了加固的作用，也提高了土层的稳定性。

（2）土层的预加固结构能起到承载的作用。管棚通过工作面推进方向布置的一端与初期支护结构体联结，而另一端则深入前方的土体中，从而形成两端固定的梁，这种预加固和支护结构能够提供较强的竖向抗力，是较为典型的超前预支护体梁效应。超前支护体的各个单元体间很容易产生成拱的现象，所以小跨度的拱群能够减少超前支护时土体调整和成拱所达到平衡的时间，隧道很快又会建立起新的平衡，从而使连续的小拱群严密地控制隧道边界位移。小拱下的土体需要及时进行混凝土喷注来固结，这就是预加固的成拱效应。

(3)在软土层中,土体开挖形成的地层荷载由管棚向循环支护结构中释放。因此,随着支护结构的不断延续,土体开挖所释放的荷载会被传递到支护结构上。管棚施工工序流程如图 3-5 所示。

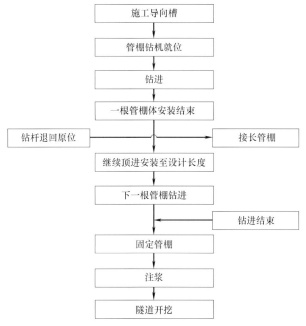

图 3-5 管棚施工工序流程图

3. 特点

(1)由于超前管棚从超前支护和永久支护两方面出发,改善了围岩的内部环境,将未扰动的初始平衡直接转移到建成隧道的最终平衡,且施工快、安全性高、工期短,被认为是隧道施工中解决冒顶的最有效、最合理的施工方法之一,随后管棚法被推广于城市地铁的暗挖施工中。

(2)环槽效应:掌子面爆炸产生的爆炸冲击波传播和爆生气体扩展遇管棚密集环形孔槽后被反射、吸收或绕射,大大降低了反向拉伸波所造成的围岩破坏程度和扰动范围。

(3)加固效应:注浆浆液经管壁孔压入围岩裂隙中,使松散岩体胶结、固结,从而改善了软弱(破碎)围岩的物理力学性质,增强了围岩的自承受能力,达到了加固管棚周边围岩的目的。

(4)确保施工安全:管棚支护刚度较大,施工时如再次发生塌方,塌碴落在管棚上部岩碴上,起到缓冲作用。即使管棚失稳,其破坏也较缓慢。

(5)梁拱效应:先行施工的管棚以掌子面前方围岩支撑和后方围岩支撑为支点,形成一个梁式结构,二者形成环绕隧洞轮廓的壳状结构,可有效抑制围岩松动和垮塌。

4. 作用机理

在软弱、破碎、浅覆盖、偏压层等复杂不良地质条件下,围岩稳定性较差,不能依靠围岩自身承载力时,必须采用管棚超前支护技术控制围岩变形后再对围岩进行安全施工。沿开挖轮廓向开挖方向打入数根钢管,通过钢管内的注浆孔进行注浆加固,使管棚注浆支护结构在岩体中形成梁拱结构的保护层,与围岩结合良好。管棚将上部围岩传来的相对集中的围岩荷载分散、传递到洞前土体和脚手架上的网架拱上,以降低洞前土体的抗压强度,减少岩体的沉降,防止坍塌,确保施工安全。

管棚超前支护作用机理为:

(1) 梁拱效应:超前施工的管棚以掌子面和后方支撑为支点,预注浆将超前打入围岩的独立钢管紧密相连。两者共同构成隧道轮廓周围的壳状结构,承受开挖区上部围岩的荷载,能有效抑制围岩的松动和坍塌。

(2) 降低沉降作用:软弱破碎岩体稳定性差,管棚注浆形成的加固拱,可将开挖面上覆围岩与围岩分开,大大减少了施工作业对围岩的扰动,减少了围岩沉降。

(3) 改善效应:增强围岩强度,加强围岩承载能力,使软弱围岩自稳能力得到了显著的提升。

(4) 均匀沉降曲线作用:在很大程度上可以降低隧道上方岩体沉降槽的沉降集中度,减少整体沉降,使沉降槽均匀分布到两端。

5. 技术要点

(1) 测量定位

按照施工设计图测定管棚中线及标高。为确保成孔精度,开孔误差宜控制在±0.1m。对于长度小于50m的结构物,若出入口两端同时施工时,需贯通测量闭合,测量精度应符合现行标准规定。

(2) 搭设平台

管棚位置测定后,开挖工作坑施作混凝土垫层,搭设钻机就位平台。平台可根据现场情况采用脚手杆或碗扣式脚手架搭设。平台要坚固稳定,应充分考虑钻机的性能和操作人员的活动空间。

(3) 导向管制作安装及设备定位

采用格栅拱架作依托,为节约成本,可直接利用正式工程的格栅拱架加工。按设计管棚位置焊制加固导向管,导向管的定位应视工程地质条件、成孔长度、管径而定。导向管与钻机设一个向上的倾角,主要考虑施钻过程中钻杆由于自重而下垂的因素。倾角一般为0.5°～3°,导向管径略大于钻杆直径10～15mm。

为消除钻具与导向管间的环状间隙可能造成的钻进误差,钻进设备应测量定位,固定于钻机平台,使钻杆轴线与导向管轴线一致。

(4) 钻进成孔

影响钻孔精度的因素有:地质情况、钻进工艺、机具设备等。针对不同的地质条件,采用不同的钻进方法及相应的机具设备。对于硬质土层(含有姜砾石的),因为密实度较高,先采用三翼合金钻头,开钻时低压、低速,防止钻具偏离设计轴线。钻进10m左右初步定位钻孔方向后,将钻头直径逐步换大,重新钻进成孔,保证孔位精度。为防止撤除钻杆后由于孔内掉渣或变形而堵塞,宜采用较设计管径大的钻头进行扩孔,最后用潜孔锤扫孔。

(5) 钻孔测位

在钻进过程中,需采用有效方法发现和控制钻孔的精度,主要测定钻头的标高、方位和倾角。测点沿管向设置,每隔1.5～2.5m测设一次,发现偏斜超标应及时纠偏,主要措施是加重或减轻钻具重量和钻速控制。

(6) 顶进棚管

棚管制作是按一定的规律钻孔形成花管，打入棚管利用水平锚杆钻即可完成。注意相邻管棚的接头位置应错开大于1m。

(7) 压力注浆

压力注浆是管棚施工的关键环节之一，注浆效果的好坏，直接影响管棚施工质量。浆液采用水泥素浆，水灰比有1.5∶1、1∶1、0.8∶1三个等级。注浆时由稀到浓逐级变换，即先注稀浆，然后逐步变浓至0.8∶1，压力控制在0.5～1.0MPa。水泥浆充满钢管内，并通过管壁花孔压入土层内，从而起到固化土体的作用。

1) 管棚管口封堵

注浆前，将管棚两端焊钢板密封，一端留压浆孔，另一端设排气孔。

2) 管棚注浆

注浆的水泥浆液采用灰浆搅拌机搅拌，待拌合均匀后，经过滤网放入储存桶内。再由注浆泵注入钢管内，控制注浆量及注浆压力，观察注浆管及接口处有无漏浆泄压现象。水泥浆从排气孔流出后，封堵排气孔，继续加压注入浆液，待浆液压力达到设计值后，稳压8～15min，即可结束注浆。

管棚法超前预支护适用于土质较差、掌子面的稳定性较差、对地表沉降控制较严格和对防水效果好的土层，且管棚法注浆因刚度较大、超前距离较长、对施工空间要求高和一次性花费较大等特点，故对施工的工艺要求较高。在隧道的开挖过程中，管棚注浆法主要起着加固效应、梁拱效应、环槽效应、注浆通道的作用。管棚注浆方式通常采用单排管或双排管，其注浆方式如图3-6所示。在实际工程的施工中将管棚注浆支护和超前小导管注浆支护联合使用，既能发挥管棚的作用也能发挥导管的作用，避免了管棚下方三角土体的滑落，往往采用这种长短相结合的方法其支护效果更加理想。

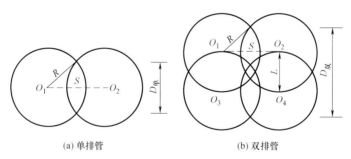

图3-6 管棚法注浆方式

6. 技术建议

对于断面跨度大（>7m）、受力情况复杂部位，穿过重要建（构）筑物，且对沉降要求较高的地段，超前长大管棚是一种十分有效的支护手段，但具体应用时应在以下方面予以改进与提高：

(1) 改进长大管棚的注浆工艺，改善浆液扩散较差的问题，提高长大管棚对不同地层的适用性。

(2) 应用新的管棚施工工艺，提高管棚施工精度。

(3) 对车站、大断面、沉降较难控制等施工地段，可推广采用长管棚的支护方式。

(4) 有条件时管棚宜一次性贯通拱部,避免施工过程中多次挑高。

(5) 从经济角度考虑 ϕ150mm 以下的管棚,其成本较为适中,可广泛采用。

3.2.3 水平旋喷法

1. 定义

隧道水平旋喷支护技术是利用钻机把带有喷嘴的注浆管钻进土层的预定位置后,用高压设备使浆液或水成为 20~70MPa 的高压射流从喷嘴中喷射出来,冲击破坏土体,同时钻杆以一定的速度向外退出,将浆液与土颗粒强制搅拌混合,并通过物理、化学变化形成不同形状的胶结体,以达到防渗和加固的目的。旋喷直径一般控制在 0.5~1.0m,根据不同的地层进行调压确定。

水平旋喷注浆法是一种新型的预支护方法,适用于不能自稳的地层。在水平钻孔内采用高压旋喷技术使隧道开挖的外轮廓形成拱形的预衬砌,保护掌子面,提高掌子面前方土体的稳定性。该方法能显著改善围岩的防渗止水的效果,且能有效控制地表等的沉降,但水平旋喷注浆法对注浆压力的要求较高,对施工条件要求较严格,且旋喷桩抗弯性能较差,施工质量不容易得到保证。水平旋喷法示意图如图 3-7 所示。

水平旋喷桩加固技术起源于日本,其主要工艺流程如下:通过水平钻机钻杆、高压注浆管喷嘴把配好的浆液射入土体内。待浆液凝固

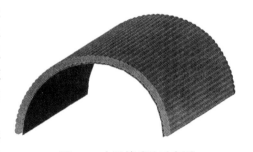

图 3-7 水平旋喷法示意图

后形成水平旋喷桩,固结的旋喷桩相互咬合形成近似圆弧形拱壳。水平旋喷桩的作用机理与管棚支护类似,既可以在隧道掘进方向上视为具有梁作用,又可在平行开挖面方向上视为具有拱作用,即为"梁拱效应"。

水平旋喷桩在隧道中的加固作用具体有以下几方面:一是由于水平旋喷桩本身固结体的作用,减小了隧道结构的上覆土压力,进而提高了开挖面的稳定性;二是水平旋喷桩固结体相互咬合后沿隧道轮廓线外形成了一个拱壳状结构,从而有效减小了隧道拱顶沉降;三是由于其高压注浆浆液向周围土体挤压扩散,从而极大地提高了周围土体的强度和刚度,增强了土体的自稳能力。水平旋喷法施工工序流程如图 3-8 所示。

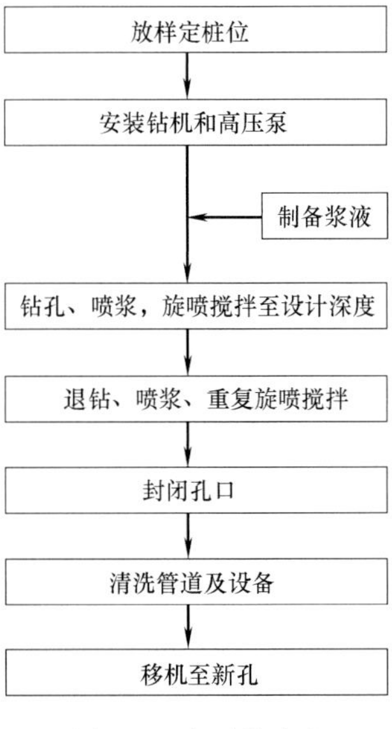

2. 原理

水平旋喷桩是以高压泵为动力源,通过水平钻机钻杆将带有特殊喷嘴的注浆管置入土层的预定位置后,利用喷嘴把配制好的浆液喷射到土体内,喷射流以巨大的能量将一定范围内的土体射穿,并在喷嘴做缓慢旋转和进退的同时切割土体,强制土颗粒与浆液搅拌混合,待浆液凝固后,形成水平圆柱状水泥土固结体即水平旋喷桩。水泥与松散

```
放样定桩位
    ↓
安装钻机和高压泵
    ↓ ←── 制备浆液
钻孔、喷浆,旋喷搅拌至设计深度
    ↓
退钻、喷浆、重复旋喷搅拌
    ↓
封闭孔口
    ↓
清洗管道及设备
    ↓
移机至新孔
```

图 3-8 水平旋喷法
施工工序流程

土体结合过程中发生一系列的物理和化学反应而生成的水泥土加固体，可以显著提高土体的强度和结构特性；且其中部分自由水以结晶的形式固定下来，加固体中含水量低于原土样的含水量；因掺入的水泥浆重度与周围土质重度相差不大，所以加固体对土体不会产生大的附加荷载，也不会产生较大的附加沉降。

当旋喷桩相互结合后，便以同心圆形式在隧道拱顶及周边形成封闭的水平旋喷帷幕体，起到防流沙、抗滑移、防渗透的作用。

3. 特点

水平旋喷注浆加固作为一种在隧道施工中经常使用的加固技术具有以下特点：

（1）成本低、效率高

由于限定注入范围，相对注入量大幅减少，每米水泥用量仅为 100～150kg，施工速度比大管棚或深孔注浆提高 2～3 倍，周期缩短。

（2）均匀性

喷射流在能量衰减前使其射流交汇，在碰撞点切削能量相互抵消，以至于在比桩心到碰撞点距离大的地方射流已无能力切削土体，所以加固体均匀程度好。

（3）可控性

水平旋喷注浆加固的浆液局限在土体破坏的范围内，浆液的注入部位和范围是可以控制的，可通过调节注入参数（切削土体压力、固化材料的注入速度、配比、注入量等）获得满足设计要求的固结体。

（4）效果好

具有提高复合土体强度、防渗、抗滑、预支撑等多重效果。

水平旋喷注浆加固方法具有良好的可操作和支护能力，其加固化学原理已经在第 2 章中予以说明了。本章将从力学方面推导水平旋喷注浆加固的机理，揭示其作为一种适应性比较好的加固方法的力学本质。

4. 作用机理

水平旋喷桩预加固机理是在洞内开挖面前方沿隧道开挖轮廓，利用水平旋喷按设计间距钻孔，当钻至设计长度后，高压泵开始输送高压浆液，同时钻头一边旋转一边后退，并使浆液从钻头处的喷嘴中高速射出，射流切割下的砂、土体与喷出的浆液在射流的搅拌作用下混合，最后凝固成旋喷柱体，相邻柱体之间环向咬合，在开挖面前方形成整体性较好的旋喷拱。由于高压射流对固结体周围砂、土体具有挤压和渗透作用，固结体周围土层的物理力学性能得到了显著改善。

（1）置换作用

高喷法又叫置换法，在高速水射流切割土体的同时，由于通入压缩空气而把一部分切割下来的土粒排出灌浆孔，土粒排出后所空下的体积由灌入的浆液补入。

（2）混合搅拌作用

钻杆在旋转和提升的过程中，在射流后面形成空隙，在喷射压力作用下，迫使土粒向与喷嘴移动相反的方向（即阻力小的方向）移动，与浆液搅拌混合后形成固结体。

（3）高压喷射流切割破坏土体作用

喷射流压以脉冲形式冲击土体，使土体结构破坏而出现空洞。

（4）拱部承载作用

高压旋喷桩成桩后,隧道周围土体压力靠封闭的桩体拱环承担,桩体拱具有很好的抗力和抗变形能力。由于土的种类和作用不同,旋喷桩组成结构也不完全相同,在砂土中,旋喷桩外圈有一浆液扩散层;在黏性土中,则旋喷桩外圈没有扩散层。

(5) 压密作用

高压喷射流在切割破碎土体的过程中,在破碎带边缘还有剩余压力,这种压力对土层可产生一定的压密作用,使高旋喷体边缘部分的抗压强度高于中心部分。

(6) 填充、扩散固结作用

高压浆液充填冲开的和原有的土体空隙后,析水固结,还可以渗入一定厚度的砂层而形成固结体。

5. 技术要点

(1) 洞外试验及参数确定

为了取得水平旋喷施工的技术参数,一般要在洞外同地层中进行现场试验,以指导进洞施工。

(2) 施工准备

施工准备包括平整场地、量测放样,风、水、电、喷浆材料准备,设止浆墙。

1) 设止浆墙:旋喷前要先加网喷混凝土来封闭加固掌子面,以防掌子面在旋喷过程中受压滑塌。

2) 铺设钻机导轨:导轨可用型钢或废钢轨铺设,枕木与隧道中心垂直,顶面要保持水平。

3) 钻孔放样:放样方法与隧道周边眼方法相同。铁路单线隧道断面一般钻旋喷孔31个,其他断面隧道根据断面大小确定旋喷孔数量。

(3) 旋喷钻孔机就位

1) 旋喷钻孔机安装在轨道上后,沿轨道左右两次移动,将轨道压实。压实过程中用水平仪校正轨顶高程,及时处理基底,使左右轨道面保持水平。

2) 按各孔位坐标要求,用锤球钢尺测量,调整钻塔高度、倾角及摆角,使钻杆轴线方向符合外扩角的要求。角度偏差应控制在±1°以内。顶部0号孔需用经纬仪控制钻杆的方向。

3) 旋喷钻孔机定位后,要将机座与轨道用卡轨器卡紧,立杆顶部与坑道顶部顶紧,其他撑杆及拉杆均要旋紧。

(4) 钻孔

钻孔施工时先钻拱顶0号孔,然后每次间隔一个孔位从上到下左右交替钻孔。

1) 钻进的速度和顶推力应依据地层的性质选择,一般选用钻进速度不低于180cm/min,顶推力控制在3kN左右。

2) 钻进过程中可用低压、低流量清水从喷嘴浇出,防止砂粒进入喷嘴,同时可冷却钻头。

3) 接钻杆时要检查接头孔是否有杂物,并装好接头密封圈,旋转钻杆,使接口连接紧密后再开始钻进。

4) 钻进过程中测量钻进深度,当达到设计深度时,即完成钻孔。

(5) 浆液配制

施工单位应严格按照试验确定的浆液配合比配制双浆液,浆液拌合均匀后方可使用,在旋喷前不停地搅拌浆液防止沉淀。两种浆液用双管与设于旋喷管尾部的三通相连接。

(6) 旋喷作业

1) 当钻进到设计深度时开始旋喷。为了保证端头旋喷质量，先旋喷半分钟后再开始后退，后退时旋转速度调整到 20rad/min。

2) 旋喷前 5m 时，后退速度保持在 15～18cm/min，以后可升到 20cm/min，回抽速度要经常测量校正。

3) 需卸管时动作要快，并要先停止回抽，旋转 5 圈停止送浆后再进行操作，卸管后要尽快将进管与前端连接，恢复给浆后先旋转 5 圈后再回抽。

若采用加速凝剂双浆液旋喷，换杆前，应喷纯水泥浆液一定时间，将管内双浆液排净，防止堵管。

(7) 封堵孔口、冲洗钻具管路

每孔旋喷到距孔口 1.5m 时即停止旋喷，退出钻头后立即用木塞堵住孔口，以防止浆液外流。施工单位应待旋喷完一孔后，用清水清洗高压泵及输浆管路，等喷嘴喷出清水后再停止。

(8) 旋喷桩效果检查

1) 旋喷桩的外观。

2) 旋喷桩的强度。

3) 水平旋喷固结体周围土体的物理力学性质在旋喷前后的变化。

4) 监控量测及稳定性分析。为了检测旋喷桩预支护的效果，判别洞室稳定性状态，及时修正变更设计或采取其他措施。开挖过程中，根据围岩性质、隧道埋深和开挖方式等实际情况确定监控量测项目。隧道水平旋喷预支护监控量测的项目有洞室外观察、净空收敛量测、地表下沉量测、围岩压力量测、型钢架受力量测等。

6. 技术建议

淤泥质黏土地层，采用水平旋喷桩也是一种有效的加固方法，但需注意以下问题：

(1) 加强旋喷桩的施工质量，确保暗挖施工时拱棚的稳定性，为下道工序的施工创造有利的条件。

(2) 每段旋喷桩施工完成后，应当在水泥土达到初期强度后约 24h 进行土方开挖。

(3) 对土方开挖应根据理论计算分析，合理分段、分层开挖，每段开挖控制在 0.5m 范围内，严禁超挖，开挖后及时施作临时支撑和初衬。

(4) 通过保证旋喷桩成桩施工过程中水泥用量、压浆过程中的连续性、喷浆进退速度和复喷次数，确保旋喷桩桩墙的整体稳定性。

(5) 通过保证水平旋喷桩的直径、平直度、中支架、止浆装置、杆材的除污除锈、注浆压力和注浆量的控制，确保水泥土强度达到设计要求。

(6) 严格控制水平旋喷桩的施工质量，对施工中的断桩、漏桩、施工中引起的地面沉降随时监测，发现问题及时补救。

3.3　掌子面加固

在隧道开挖过程中，经常出现超前核心土挤出、松弛等现象，造成掌子面到达之前待开挖洞室周围围岩的最小主应力下降,从而使得洞室产生径向变形(收敛变形)。糟糕的是,一般情况下径向变形一旦发生,使用常规的约束手段(钢拱架、锚杆、喷射混凝土等)很难对其进行控制。因此,预加固措施对维持隧道开挖的稳定性显得尤为重要,在隧道开挖之前及过程中必须对掌子面前方保持适当的压力,从而避免在开挖过程中出现坍塌以及采取高昂的约束措施,为此必须保持掌子面超前核心土的完整性和坚固性。掌子面前方超前核心土的变形特性是构成隧道围岩对开挖变形反映的真正原因,超前核心土的强度与刚度决定了隧道的稳定。

3.3.1 弧形开挖预留核心土

预留核心土是指在掌子面不能自稳的不良围岩中,利用掌子面的空间支护效应,开挖时把掌子面中央部留下,残留的核心土以填土的形态促使掌子面稳定。

多用于台阶法开挖施工中。围岩自稳时间达24h以上,能稳定开挖工作面时方可采用。环形开挖循环进尺长度一般控制在1.2m以内,以0.75~1.00m为宜。核心土的断面积应大于开挖断面积的50%,核心土纵向长度应大于3.00m。该核心土是平衡开挖工作面的最简单易行的方法。

隧道工程实践表明,预留核心土法是增强软弱破碎等不良地质条件隧道围岩稳定性的有效、安全的辅助方法。其能有效配合台阶法,断面形式灵活,施工速度较快,工法转换容易,既有利于掌子面围岩稳定,且不需另外增加开挖成本,这是一个简单易行的技术措施,可取得较好的工程效果,值得推广应用。应注意与其余超前预支护措施相互配合。弧形开挖预留核心土示意图如图3-9所示。

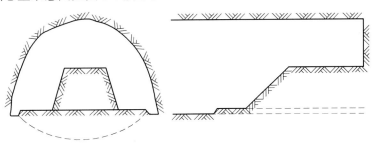

图3-9 弧形开挖预留核心土示意图

采用弧形导坑留核心土法进行开挖,弧形导坑留核心土法是将隧道断面分成左右两个侧壁坑和中洞核心三大部分开挖。短台阶分两层开挖,中洞核心部分分三层开挖。

(1)短台阶留核心土施工方法:隧道施工坚持"弱爆破、短进尺、强支护、早封闭、勤量测"的原则进行施工。弧形导坑留核心土法采用弱爆破法开挖,人工钻孔。先进行上弧形导坑开挖,随后进行拱部初期支护,中洞核心采用人工配合反铲挖掘机台阶法开挖。先施作中洞拱部大管棚(或小导管)预注浆超前支护,然后开挖中洞拱部核心土,再开挖下部中核心土。中洞拱部核心土开挖后,立即初喷4cm厚混凝土封闭围岩,然后架设拱部钢拱架,拱部钢拱架与双侧壁导坑边墙钢架一一对应、紧密相连,然后打锚杆、挂网、再复喷混凝土至设计厚度。拱部核心土上台阶超前3~5m左右,每循环进尺1~1.2m。

(2)施工顺序:上弧形导坑开挖→拱部初期支护→中核心土开挖→下部开挖→边墙及

仰拱初期支护→仰拱二次衬砌混凝土浇筑。

（3）开挖方法：采用台阶分部法开挖，普通钻爆法施工，此方法主要用于主洞V级围岩地段。洞身开挖及初期支护完成后，立即进行仰拱二次衬砌混凝土浇筑。根据监控量测结果进行边墙、拱部二次模筑混凝土的浇筑。环形开挖进尺为0.5～1m，台阶长度为12～15m。

（4）施工工序：

1）利用洞口导向措施或洞身上一循环架立的钢架施作隧道洞身纵向超前支护，开挖顶、侧部，同时每进尺1.0～1.2m，掌子面喷8cm厚混凝土封闭；施作顶、侧部导坑周边的初期支护和临时支护，架立钢架（包括导坑的临时钢架及横撑），并设置锁脚锚杆；钻设径向锚杆后复喷混凝土至设计厚度。

2）开挖弧形土部分，同时每进尺1.0～1.2m，掌子面喷8cm厚混凝土封闭；施作导坑周边的初期支护和临时支护，架立钢架（包括导坑的临时钢架），并设置锁脚锚杆；钻设径向锚杆后复喷混凝土至设计厚度。

3）开挖预留核心土部分，并施作导坑周边的初期支护和临时支护，步骤及工序同1）。

4）喷8cm厚混凝土封闭掌子面（下一循环拱部超前支护掌子面处）。

5）拱部架设拱部钢架，钻设径向锚杆后复喷混凝土至设计厚度。

6）两台阶法施工。喷8cm厚混凝土封闭掌子面。底部安设钢架封闭成环，复喷混凝土至设计厚度。

7）逐步拆除临时钢架，灌筑底部仰拱。

8）灌筑隧底填充。

9）根据监控量测结果分析，待变形收敛后或根据需要，利用衬砌模板台车一次性灌筑二次衬砌（拱墙衬砌一次施作）。

（5）施工注意事项：

1）隧道施工应坚持"弱爆破、短进尺、强支护、早封闭、勤量测"的原则。

2）开挖方式均采用弱爆破或人工开挖。爆破时严格控制炮眼深度及装药量。

3）工序变化处之钢架（或临时钢架）应设锁脚锚杆，且必须对锁脚锚杆进行灌浆，以确保钢架基础稳定。

4）当现场短台阶开挖孔径及台阶高度需进行适当调整时，应保证临时支护与主体洞身钢架连接牢固，横向钢支撑可根据监控量测结果适当调整其位置，并考虑侧壁自身的稳定及施工的便捷性。

5）钢架之间纵向连接钢筋应按要求设置，及时施作并连接牢固。

6）临时钢架的拆除应等洞身主体结构初期支护施工完毕并稳定后，方可进行。

7）施工中，应按有关规范及标准图的要求，进行监控量测，及时反馈结果，分析洞身结构的稳定，为支护参数的调整、灌筑二次衬砌的时机提供依据。

3.3.2 掌子面喷混凝土

在围岩自稳性较差的隧道施工中，掌子面开挖后喷射混凝土以防止掌子面松弛，并增强开挖面的稳定性。掌子面喷射混凝土常与掌子面锚杆同时配合使用。掌子面喷射混凝土支护是目前隧道工程中常用的超前支护措施，目前没有设计规范，多根据工程经验确定支护参数，缺乏理论支撑，可能导致安全储备较大或支护参数不足，威胁施工安全并造成资源浪费。

喷射混凝土施工时所使用的机械和材料，与初期支护使用的一样。在具有挤压性围岩地层中，为防止掌子面喷射的混凝土发生早期开裂，通常可采用纤维喷射混凝土以提高其韧性。

为减少掌子面暴露的时间，在掌子面自稳性非常差的场合，可以将开挖机械和喷射机并列放置，在局部开挖后能立即喷射混凝土。在具有挤压性围岩中，掌子面喷射混凝土一般会发生开裂。因此，对掌子面喷射混凝土进行开裂观察是非常重要的，防止掌子面造成大规模的崩塌。掌子面喷射混凝土应与其他工法相结合，以达到最好的协同支护效果。

环形开挖预留核心土法一般是将开挖面分成环形拱部、上部核心及下部台阶三部分，根据地质好坏将环形拱部断面分成一块或几块。环形开挖预留核心土法是先开挖上部导坑弧形断面留核心土平台，再开挖下部两侧边墙、中部核心土的隧道开挖方法。

适用条件：单线隧道Ⅳ～Ⅴ级围岩，也可用在双线隧道Ⅲ～Ⅳ级围岩地段。

施工特点：

(1) 环形开挖进尺宜为 0.5～1.0m，核心土面积应不小于整个断面面积的 50%。

(2) 开挖后应及时施工喷锚支护、安装钢架支撑，相邻钢架必须用钢筋连接，并应按施工要求设计施工锁角锚杆。

(3) 围岩地质条件差、自稳时间短时，开挖前应按设计要求进行超前支护。

(4) 核心土与下台阶开挖应在上台阶支护完成后、喷射混凝土达到设计强度的 70% 时进行。

喷射混凝土封闭开挖工作面多与环形开挖预留核心土法配合使用，在核心土仍不能满足工作面稳定时，可及时喷射混凝土封闭开挖工作面。喷射混凝土厚度一般为 5～10cm。这种方法可大大提高工作面土体的稳定性，将原为二维受力的工作面变成三维受力状态。

以上两种方法是最简单的稳定开挖工作面的方法，也是行之有效、最经济的施工方法。当采用这两种方法还会引起地面产生较大沉陷，甚至产生工作面失稳，向工作面产生土体位移时，必须再增设其他辅助工法。

3.3.3 超前帷幕注浆

超前帷幕注浆指对隧道工作面前方一定范围的土体进行全面加固，在开挖区域周边形成隔水帷幕，以防止地下水渗流给隧道施工带来较大风险。对于帷幕注浆，目前尚没有确切完备的定义，通常对于注浆范围较大且连续的多孔注浆行为，都可纳入帷幕注浆的范畴。对于隧道工程中的帷幕注浆而言，主要有表面垂直向下帷幕注浆与开挖面超前深孔帷幕注浆两种。

隧道超前深孔帷幕注浆作为软弱破碎围岩或存在高压富水区围岩隧道施工的辅助措施，主要目的是围岩加固及防堵水。浆液通过多种运动形式充填到岩土体的孔隙、裂隙、空穴中，将提高围岩的整体性与强度，起到加固作用。另外，浆液扩散范围内的岩土渗透系数得到显著提高，也可以起到防渗堵水的作用。隧道超前深孔帷幕注浆的施作方法与管棚超前注浆类似，管棚只在隧道开挖面拱圈周围布置且数量较少，超前深孔帷幕注浆则在大部分开挖断面上布置且数量较多，隧道管棚的钻孔长度一般不超过20m，隧道超前深孔帷幕注浆的钻孔长度通常在25～40m范围内。

不同的注浆理论有着各自主要的适用范围。如渗透注浆主要用于增强满足可注条件介质的强度与防渗性能；压密注浆主要用于沉降建筑物抬升、高填方路基加固等；劈裂注浆主要用于软土地基加固、破碎岩体的加固等。对于隧道超前深孔帷幕注浆而言，究竟属于何种注浆形式，或者说运用哪种注浆理论分析最为合适，目前关于这方面的研究较少。实际工程中应综合地质条件、注浆目的、注浆条件等来进行判断。在此先对几种注浆理论进行简单的梳理、分析、对比。

实际上这几种注浆理论并不能截然分开，因为在工程实践中几种浆液扩散形式往往是交错存在的，而且是可以相互转化的，并没有十分严格的界限。如对于较破碎岩体的注浆，起先是浆液在岩体的裂隙中流动，到裂隙基本被填充饱满，若注浆继续进行，在裂隙的端部将发生水力劈裂，即进入了劈裂注浆阶段。再如土体的注浆，若土体具有可注性，则注浆浆液先渗透到土体的孔隙中，土体孔隙基本被填充后，若注浆继续，当压力超过土体的抗拉强度后，水力劈裂同样会发生；若土体不具有可注性，浆液先在土体中形成浆泡，即压密注浆的表现形式，当浆泡的大小和对周围土体的压力到了一定程度，土体内便会出现裂缝，进入劈裂注浆阶段。为此我们可以这样来进行理解，对于所有的注浆行为，在注浆的初始阶段，要么是渗透注浆，要么是压密注浆，注浆压力、注浆持续时间、被注介质自身因素则决定注浆最终以何种方式结束。综合以上分析，对于隧道超前深孔帷幕注浆，应将渗透注浆理论、压密注浆理论及劈裂注浆理论都纳入考虑范围。

3.4 地下水控制

作为典型的地下工程，地铁车站工程越来越复杂，且由于其结构标高多处于地下水位之下，在其施工过程中不可避免地受到地下水的影响。如不采取有效的地下水处理措施，会造成土壤软化、坍塌，影响围岩的稳定性，危及施工安全，甚者造成施工事故。因此安全有效地控制地下水是地铁施工过程的第一要务。地下水控制是为保证支护结构、基坑开挖、地下结构的正常施工，防止地下水变化对基坑周边环境产生影响所采用的截水、降水、排水、回灌等措施。

总的来说，地下水控制措施有如下几点：

（1）针对地层复杂性和不确定性，通过现场降水试验和施工补勘的方式来明确水文地质参数和地层分布，确定针对性的降水方案，避免地下水突涌的风险。

（2）通过地下连续墙成槽机、泥浆等成槽工艺、接头形式的优化措施来保证地下连续墙的质量，避免因地下连续墙缺陷而引起的地下水渗漏和水土涌入事故。

（3）严格控制放坡，采取降水疏干、覆盖土坡等措施保证基坑纵坡的稳定。

（4）通过围护—降水一体化设计、分层降压、高精度水位控制、根据工况按需降水等措施，实现"四维"降水最小化，减少降承压水对周边环境的影响。

现场降水试验是降水工程的常规手段之一，但以往的现场试验往往偏重于水量、水位的统计，成果主要是反演出地层的水文参数。除了传统的参数反演之外，还可通过降水试验来调查降水过程中各土层之间的水力联系及固结沉降规律。另外，通过不同滤管长度的降水井抽水能力对比，找出最优化的滤管长度和井点深度。

由于连年超采地下水，水位持续下降，易造成地面沉降。超采范围之内的岩土层地下水释放，土层被压密，厚度降低，引起其上部岩土体沉降，上覆土层因自重和疏水向下移动、弯曲变形，一直发展到地表，引起地面变形，使建筑物倾斜、墙体开裂，造成巨大经济损失。与岩土工程中的降水开挖相比，超采地下水造成的地面沉降影响范围非常大，据资料显示，美国长滩市1961年累计沉降量达9m，休斯敦市1978年的沉降影响范围达到12000km^2。需要说明的是地面沉降的原因包括自然原因和人为原因，超采地下水并非引起地面沉降的唯一原因，但是这种因抽取地下水而形成的地面沉降，是地面沉降现象中发生最普遍、危害性最严重的一类。原国土资源部南京地质矿产研究所主持的《长三角地区地下水资源与地质灾害调查评价》显示，由于过量开采地下水形成"地面沉降"，对上海市造成了2900亿元的损失，长三角地区经济损失近3150亿元。

虽然地下连续墙和隔水帷幕等阻水技术越来越成熟，采用非施工降水方法以保障基坑工程的施工安全从技术上来说已经不是问题。但从实践的施工经验来看，管井降水在地铁施工中的应用相对广泛，降水工程作为地铁施工的重要环节，其降水周期较长，范围相对较广，因此在其施工阶段和抽水阶段通常会引起很多环境问题。如降水施工时往往将上下含水层贯通，造成潜水和承压水联通，导致水质污染。抽水过程中因为排放和利用渠道较为单一造成了地下水资源的浪费。就北京地区而言，地下水资源十分宝贵。

3.4.1 降低地下水位

1. 管井降水

管井的口径和深度供选择的幅度很大，降水管井口径一般为200～500mm，井深可从10m到100m以上。管井常采用一井一泵抽水，含水层富水性很强时，如降水井口径够大，也可一井多泵抽水。降水深度小到1～2m，大到几十米，能够满足对地下水来源比较丰富的砂、砾、卵石和基岩裂隙含水层的工程降水需要。管井降水工艺成熟，设备简单，维护管理便利，故广泛应用于各类工程的降水施工中。目前，全国大部分地铁降水施工，都采用了管井方法降水。当上、下含水层存在较大天然水头差时，管井也可以不下泵抽水或少下泵抽水就能达到降水目的，不下泵的管井称自渗井。这种情况大多在冲洪积扇地区存在，城市建设大量开采深层地下水后，深层地下水位低于浅层地下水位，这时用管井将上下两个含水层连通，上部含水层的水便通过管井下渗到下部含水层中，因而形成自渗降水。有时自渗井也可不下管而在钻孔中直接回填砾料，形成沟通上下含水层的垂向强导水通道，这种井称为砂砾自渗井。自渗降水一般用于浅层降水，用以疏导上层滞水和潜水，必要时辅以少量抽水井抽水，形成抽水井、自渗井结合降水形式。该方法操作简便，耗能低，动用抽水设备少，成本低；但受条件限制，只能有针对性地应用，其适用条件如下：

（1）降水范围由两个以上含水层和隔水层互层组成，下部含水层的透水性强于上部含水层，水位低于上部含水层，如在低于基槽需要降低的地下水位、水量又不大的情况下，则可能形成完全自渗降水。

（2）下部含水层具有一定厚度，消纳能力大于上部含水层的排泄能力，否则需辅以部分抽水井。上部含水层水质无污染，上部含水层水质的主要指标与下部含水层水质基本相同。

（3）受成井方法和井结构的限制及可能渗入浑浊水的影响，砂砾自渗井的时效性较差，一般不超过 3 个月就会逐渐淤塞而失效。地铁工程施工周期较长，可采用下管自渗井，淤塞后可洗井处理，以恢复其自渗能力。北京城区处于永定河冲洪积扇中部，存在 4~5 个含水岩组，受城市生产、生活用地下水月采影响，含水层水位由下而上一层比一层低，很多浅基坑都可以采用自渗降水，或把上层滞水通过自渗井渗到潜水含水层中，或把埋深 15~18m 的潜水通过自渗井渗到 20 余米的第一承压含水层中。地铁工程由于结构埋深较大，很多地段都可采用抽水管井与渗水井相间布置的抽渗结合降水形式，抽水井主要用于降低承压含水层水头，渗水井则主要用于疏导上层滞水和潜水向下渗入承压含水层中。

2. 辐射井降水

中国水利水电科学研究院自 20 世纪 70 年代末开始辐射井技术的科学研究，取得了丰硕成果。特别是在粉细砂、粉土等弱透水含水层中成井工艺的研究成功及水平井管用柔性 PVC 波纹管代替原来钢管的开发成功，大大降低了辐射井造价，把辐射井的研究和应用向前推进了一大步。2003 年北京市轨道交通建设管理有限公司和北京地矿奥通建设工程有限公司在北京地铁 5 号线 03 标段的蒲黄榆站至天坛东门站暗挖区间，进行了辐射井降水技术在地铁工程中的应用与研究工作，有效地解决了地铁隧道下穿南二环路、玉蜓桥、京山铁路及南护城河的技术难题。

3. 轻型井点降水

轻型井点主要由井点管、连接管、集水总管和抽水装置组成。其抽水原理是：启动抽水装置后，井点管、集水总管内空气被吸走，形成一定的真空度。由于管路系统外部地下水承受大气压力，为了保持平衡状态，地下水流向负压区，地下水被吸至井点管内，经总管至储水箱排走，从而达到降水目的。轻型井点主要适用于地下水位较高的弱透水层的降水，一级井点降水深度为 5~6m，二级井点降水深度为 6~9m，多级可到 12m。此外，中铁隧道集团在隧道内实施轻型井点降水方面也有很多成功的经验。

4. 喷射井点降水

喷射井点是采用高压水泵将高压工作水经供水管通过喷射器两边的侧孔流向喷嘴，压入井点与供水管之间的环形空间。由于喷嘴截面的突然变小，喷射水流加快（一般流速达 30m/s 以上），这股高速水流喷射之后，在喷嘴喷射出水柱的周围形成负压，从而将地下水和土中空气吸入并带至混合室。这时地下水流速度得以加快，而工作水流速逐渐变缓，二者流速在混合室末端基本上混合均匀。混合均匀的水流射向扩散管，扩散管截面是逐渐扩大的，目的是减少摩擦损失。当喷嘴不断喷射水流时，就推动着水沿内管不断上升，混合水流由井点进入回水总管，再进入循环水箱。部分作为循环用水，多余的水溢流排出，从而达到降水目的。喷射井点主要适用于粉土、粉细砂等渗透系数较小的含水层，对于渗透系数大的含水层，采用管井降水会更为经济一些，喷射井点降水深度为 8~20m，降深大体上能满足地铁工程需要。缺点是井点管构造较复杂，且井点系统分别有进水总管和排水总管与各井点管相连，地面管网敷设复杂，对地面交通影响大。

5. 真空管井降水

一般情况下，管井降水对各类透水性强的砂、砾、卵石含水层十分有效，对于黏质粉土、粉土、粉砂等弱透水层效果较差，其主要原因是弱透水层的毛细作用较强，仅靠重力作用地下水难以形成井流。真空管井降水是在管井基础上，对井管抽真空，在以井管为中心的一定范围的含水层中施加负压，迫使弱透水层中地下水流入井中，再通过潜水泵抽水的一种降水方法。这种真空管井复合降水技术能够较好地解决弱透水层的疏干问题，降水深度可达 30m 以上。真空管井相较单一管井来说，多了一套抽真空系统，相当于加大了地下水流向井的水力梯度，因而真空管井降水能缩短针对弱透水层的预降水时间，并提高降水效果。

6. 明排降水

基坑明排降水是指基坑开挖过程中，在基坑周边或中部开挖排水沟并设置一定数量集水井，然后从集水井中抽出地下水，从而达到降水目的。这种降水方法设施简单、成本低、管理方便，但使用的限制条件较多。

明排降水适用条件如下：

（1）地下水类型一般为上层滞水或薄层潜水，含水层渗透性能较差。对于渗透性较强的含水层，通常不能采用明排降水方法。

（2）一般适用于浅基坑降水或隧道内排除残留水，降水深度不宜大于 2m，降水时间不宜太长。

（3）含水层土质密实，坑壁稳定，不会产生流沙、管涌等渗透破坏。

一般采用人工开挖排水沟和集水井。排水沟底比基坑深 0.3～0.5m，沟底宽大于 0.3m，坡度为 1/1000～1/500；在基坑四角或每隔 30～40m 间距设一口直径为 0.6～0.8m 的集水井，集水井底比排水沟深 1m 左右，下入水泥砾石滤水管或钢护筒，四周及井底部 0.3m 填入砂砾石形成反滤层。当基坑及隧道内排水沟不便裸露时，可将排水明沟做成盲沟或盲管。盲沟即在排水沟内填入级配砂石，表层铺一层粗砂，以防施工时被黏土堵塞，影响盲沟滤料的渗透能力。盲管是在排水沟内埋入滤水管，再填入级配砂石，滤水管的选择与管井中的滤水管相同，材质多为水泥管、塑料管和钢管，管外包缠滤网。排水沟（盲沟）完成降水后，可直接采用级配砂石回填密实。明排降水方法局限性较强，但由于地质条件千变万化，地下工程降水在个别地段难免会用到明排降水，有时明排降水也会作为补救措施不得已而为之。因此，对明排降水要有正确的认识：对于明排降水，地下水是沿基槽坡面、坡脚或隧道掌子面渗出，容易造成基底土质软化，降低表层地基土的强度。若降水地段夹有粉细砂薄层，还易造成地下水潜蚀，造成隧道拱脚上颗粒流失，因而，明排降水地段应加强对拱脚的注浆加固处理。

3.4.2 注浆止水

预控注浆止水是指在顶纵梁纵向施工缝位置上方、防水板与初期支护之间埋设钢制或 PVC 质注浆管，待主体结构完成后，接入注浆泵注入水泥浆的一种预防施工缝渗漏水的一种措施，旨在使破损的防水板背面形成一层连续水泥壳体，以阻断水流通道的施工技术。

注浆止水的施工步骤为：注浆管制作、安装→铺设拱部防水层→施工缝防水施工→绑扎拱部结构钢筋→拱部衬砌施工→水泥浆制作→注浆→洗管→二次补充注浆→洗管→三次补充注浆→……

对于注浆质量的把控需要注意以下几点：

(1) 严格控制配合比与凝胶时间，初选配合比后，用凝胶时间控制调节配合比，并测定注浆结实体的强度，选定最佳配合比。

(2) 注浆过程中，严格控制注浆压力，注浆过程稳压，保证浆液的渗透范围，防止出现结构变形、串浆而危及地下构筑物、地面建筑物的异常现象。注浆过程进行跟踪监测。

(3) 注浆效果检查。因为注浆方法为周边单排固结注浆，开挖导洞后检查固结厚度，如达不到要求，应及时调整配合比并改善注浆工艺。

(4) 为防止孔口漏浆，在钢管尾端用麻绳及胶泥（水泥＋少许水玻璃）封堵钻孔与钢管的空隙。

(5) 注浆期间定期对地下水取样检查，如有污染须采取措施予以控制。

(6) 注浆过程有专人记录，完成后检验注浆效果，当施工缝无渗漏和压力达到规定值及以上时终止注浆。

在 PBA 暗挖车站中采用预控注浆止水施工方法，将水泥浆注入防水板外侧的空隙和空腔内，使水泥浆在顶纵梁的施工缝位置、防水板外侧形成一层完整的薄壳，有效地控制了施工缝的渗漏水。这种方法操作简单、效率高，不需要重新打孔，或在二次衬砌结构面打孔，来克服水泥浆浆液注不进的情况；成本低，注浆止水效果稳定，可以在同类工法中进行推广应用。

超前深孔注浆方式主要有前进式分段注浆、后退式分段注浆和全孔 1 次注浆 3 种。不同的注浆方式，其优缺点及适用范围各不相同。注浆的目的就是通过注浆沿车站形成闭合止水帷幕，起到防水和提高地层稳定性作用。施作冠梁前，在桩侧及桩间打设 2 排注浆管，对地下水位以上 1m 至隔水层以下 1.5m 范围进行深孔注浆加固，使其沿车站范围形成闭合止水帷幕以达到止水效果（图 3-10）。注浆孔布置为桩间 1 排、桩侧 1 排，桩间孔距与围护桩间距相同，桩侧孔距为 800mm。

现场采用最多的注浆材料是普通水泥单液浆和普通水泥-水玻璃双液浆。不同的注浆材料，其性能和适用范围各不相同，其中：

(1) 普通水泥单液浆浆液优点：凝结时间长，具有较长的可注期，注浆结实体强度较高，价格低。浆液缺点：初凝时间长，易被地下水稀释；终凝时间长，强度上升缓慢，不利于注浆完成后立即开挖作业，可注性差；凝固后，有一定的收缩性等。适用范围：适用于宽度大于 0.2mm 的裂隙水注浆，渗透系数大于 1×10^{-2}cm/s 且地下水流速不大于 80~100m/d 的中粗砂、砂卵石等地层。

(2) 普通水泥-水玻璃双液浆浆液优点：凝结时间可控，从几秒至几十分钟均可调控；早期强度高，利于注浆后立即进行开挖作业；注浆体结实率高达 95% 以上。浆液缺点：抗压、抗剪强度较低，易被高压水击穿；可注性差，耐久性差。适用范围：适用于渗透系数大于 1×10^{-2}cm/s 的中粗砂、粗砂、砂卵石以及断层破碎带注浆堵水工程中。

3.4.3 冻结止水

人工冻结技术在地下工程的应用中以其具有方便、安全、无污染等优点，受到了越来越多的重视。人工冻结帷幕的形成机理在于首先在预期要开挖的场外打一定数量的冻结孔，孔内安装冻结器，冻结器由带有底锥的冻结管和底部开口的供液管组成。利用液氮气

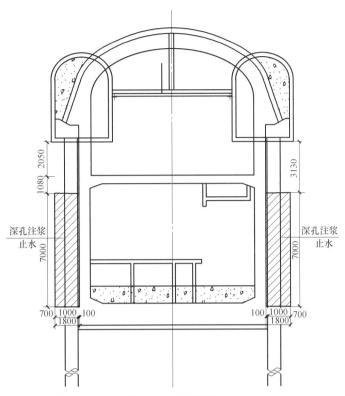

图 3-10 车站注浆止水横断面图（单位：mm）

化时吸热的原理，由冷冻机制冷制成低温盐水。低温盐水在冻结管中沿环形空间流动时，吸收其周围岩石的热量，使周围岩层冻结，冻结桩不断加粗，逐渐扩展交圈、加厚，连成封闭不透水的连续冻土墙，从而提供一个安全、干燥和方便的施工环境，并避免了地下工程开挖对临近桥墩台及其他建筑物的不利影响。

冻结止水的目的在于：

（1）人工冻结形成地下连续冻结止水帷幕，将开挖范围内外地下水割断，避免因开挖失水引起地基沉降造成对铁路桥及其他周围建筑物的不利影响。

（2）土体冻结后，其强度比未冻土增大数十倍，从而起到结构支撑墙及加固围岩的作用。

此外，在进行冻结止水的施工过程中要注意：

（1）冻结止水帷幕止水措施适应于各种淡水地层。当地质和水文条件复杂时，应在设计前进行详实的现场调查和试验，预先采取有效措施，否则欲速则不达。

（2）做好现场监测，及时调整施工方案并组织实施，实现信息化施工是冻结法施工成败的关键步骤之一。

（3）要充分认识到冻结膨胀、解冻后地基承载力下降和水压力增大对邻近建筑物的影响。为减少冻胀影响，施工中应设置一定数量的减压孔。为弥补地基承载力下降或收缩，可采取注水泥浆、拔冻结管的同时填充砂砾等措施加固地基。

（4）由于冻结止水帷幕一般较薄，主要起止水作用，隧道暗挖前，采取对开挖线和帷幕墙之间土层适当注浆加固和边开挖边支撑及时施作衬砌等减少土体变形的措施，将有利于改善止水帷幕的受力条件，确保暗挖施工安全。

（5）冻结进程估计是基于假设冻结管表面散热量相同的条件下得到的。在冻结维护过程中，常出现土层导热不均匀、地下水流速不相同的情况，因此其冻结壁所需冷量、交圈时间和冻土发展速度均有差异。施工中要全面计划冻结顺序，及时调整供液量，尽量控制冻结壁的均衡发展。

（6）为减少冻结冷量损耗，需对输液管路进行隔热处理，一般选用聚酯泡沫包裹，再将输液管路置于保温沟槽内进行覆盖处理。

（7）暗挖施工要控制锚杆和钻孔施作长度和定位，避免打穿冻结壁或冷却盐水管路造成工程事故。

（8）开挖放炮要采用小药量微振、浅孔爆破，减少放炮对冻结帷幕墙的振动。

（9）暗挖需穿越的冷冻帷幕端墙应施作两层不同长度的冷结管，进行分期冷冻。一排深度到隔水层，外边一排管的底部沿隧道拱顶开挖线布置。当上导洞开挖到冷冻壁后，停止长管盐水循环，割断此冻结管，为洞内施工创造条件，启动外排第二期冻结管，继续保持开挖穿越后原冻结帷幕的止水效果。

（10）成立专业领导小组，负责协调暗挖和冻结施工之间的工作配合，确保冻结帷幕和开挖施工安全。

为了保护地下水资源和环境安全，落实科学发展观，实现经济社会可持续发展，依据《建设工程安全生产管理条例》及有关法律法规，北京市出台了《北京市建设工程施工降水管理办法》。其中规定：建设单位或者施工单位应当采用连续墙、护坡桩＋桩间旋喷桩、水泥土桩＋型钢等帷幕隔水方法，隔断地下水进入施工区域。因地下结构、地层及地下水、施工条件和技术等原因，使得采用帷幕隔水方法很难实施或者虽能实施，但增加的工程投资明显不合理的，施工降水方案经过专家评审并通过后，可以采用管井、井点等方法进行施工降水。建设单位在编制招标文件前，应当确定建设工程的地下水控制措施，并应当在招标文件中列明。其中确定采用管井、井点等方法进行施工降水的，应当附施工降水方案的专家评审报告。

第4章

典型暗挖地铁车站工程

4.1 概述

自21世纪开始,我国社会经济飞速发展,城市人口流量迅速增大,大城市地铁建设规模也不断扩大。中铁工程设计咨询集团有限公司前身是铁道部专业设计院,2004年7月改制重组,注册为现名。一直在城市轨道交通设计、咨询等方面扮演着重要角色,随着工程经验的积累和技术水平的提高,集团公司地铁车站建设在设计理论、施工技术、施工工艺和工程管理等方面都不断地进行着创新和突破,主要表现在以下几个方面:

(1) 暗挖施工方法的发展与创新

根据地质条件及周边环境等情况不断地发展和改进施工方法,以此建设安全经济可靠的地铁车站。从中洞法建造北京地铁5号线磁器口站,到PBA法建造北京地铁7号线磁器口站、房山线北延工程首经贸站、10号线国贸站,再到拱盖法建造青岛地铁1号线瑞金路站、新管幕法建造沈阳地铁2号线新乐遗址站和10号线东北大马路站,体现出了施工方法的不断优化和发展。

(2) 多种车站形式和断面形式

地铁车站规模扩大,车站形式和断面形式多样。北京地铁7号线磁器口站与5号线磁器口站交叉换乘,采用三层三跨和两层三跨断面形式结合的方式设计;北京地铁房山线北延工程首经贸站规模宏大,车站全长达500.8m,并采用了两层三跨、两层四跨和三层三跨等多种断面形式;北京地铁10号线国贸站呈分离式岛式车站布置,并建有与既有1号线国贸站换乘的L形换乘通道。

(3) 科学适宜的设计方法

在设计中根据地质和地面情况的不同,考虑选择适宜的施工方法、地铁车站形式和辅助施工措施,并采用数值模拟进行施工分析。青岛地铁1号线瑞金路站处于上软下硬条件岩石地层中,根据地质条件选择了拱盖法进行浅埋暗挖地铁车站施工,较好地解决了在上软下硬地层中进行暗挖车站施工的难题;北京地铁10号线国贸站位于东三环中路与建国门外大街交叉路口处,国贸立交桥下,桥基分布密集,车站呈分离式岛式车站布置,南北走向,车站从国贸桥桥下群桩间穿过,根据周边环境和水文地质条件,采用洞桩法施工。每个车站都根据不同的地质条件、管线道路、邻近建筑物情况采取合理的保护和处置措施,并利用数值模拟辅助进行设计。

(4) 风险管理体系不断完善

设计严格遵循浅埋暗挖法的要求和原则,加强监控量测,及时反馈,在车站设计施工中总结工艺要求和科学的施工管理方法。

4.2 中洞法建造北京地铁 5 号线磁器口站

4.2.1 工程概况

1. 车站周边环境

磁器口车站位于崇文门外大街与两广大街的交叉路口处（图 4-1），周边建筑密集，为东城区商业旺区。崇文门外大街为北京市南北向干道，地面交通十分繁忙，车流、人流密度大。崇文门外大街与两广大街交叉口处的市政管线众多，大部分与道路走向平行，并在道口处交叉和分支，沿道路的管线主要设于道路分隔带、辅道及人行道之下。

2. 车站概况

车站为双层岛式三拱两柱结构（图 4-2），向北以 0.3% 的坡度上坡。长 180m、宽 21.87m、高 14.933m，建筑面积为 12244.2m²，车站主体覆土深度为 9.8~10.3m，出入口通道覆土深度为 11.8~12.4m。中心里程为 K6+083.390，车站跨路口南北向设置。

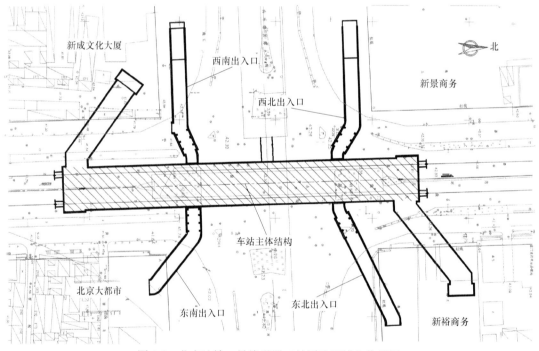

图 4-1 北京地铁 5 号线磁器口站周边环境和位置图

3. 水文地质条件

本工程所处地区均属于永定河冲积扇地区，土层以第四季冲洪积为主。其主要为回填土、黏性土、砂类土，围岩分类为Ⅴ~Ⅵ级。图 4-3 为车站主体结构地质纵断面图。

自地面向下依次为杂填土层、素填土层、粉细砂土层、粉质黏土层、粉土层、中粗砂层、圆砾层和黏土层。

车站主体及东北风道、西南风道的顶板均位于粉细砂层及中粗砂层中；车站底板落在

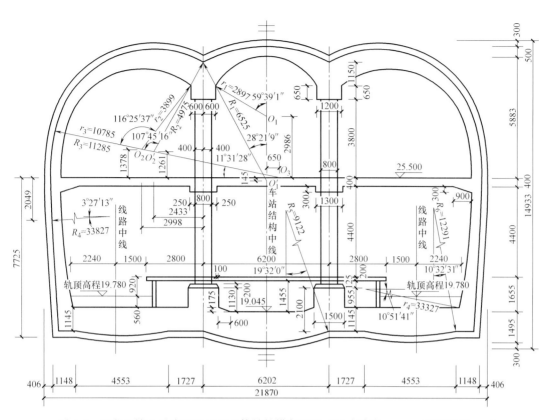

图 4-2 北京地铁 5 号线磁器口站主体结构横断面图（尺寸单位：mm，高程单位：m）

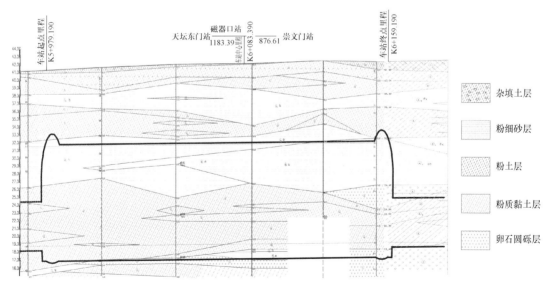

图 4-3 车站主体结构地质纵断面图（高程单位：m）

粉质黏土和圆砾土上，西南风道基底落在圆砾土上，东北风道基底落在粉质黏土上。

场区地下水主要分为上层滞水、潜水和承压水。第一层属上层滞水，水位埋深为 3.85m，主要含水层为填土层；第二层属潜水，水位埋深为 10.31~13.50m，主要含水层为粉细砂层、中粗砂层、圆砾层；第三层属承压水，水头埋深为18.49～19.30m，主要含水层为卵石圆砾层、中粗砂层、粉细砂层。

4.2.2 工程设计与施工步序

1. 施工方法

车站共设两处风井，施工中兼作施工竖井，风道兼作施工通道，从风道进正洞。车站主体开挖采用中洞法，施作二次衬砌时，临时支护拆除长度不大于6m，并应通过监控量测及时调整工序中有关参数。风道采用CRD工法。

2. 施工步序

磁器口站中洞法施工步序如图4-4所示。

第一步：在施工横通道内进行拱部大管棚超前支护、小导管注浆加固地层。

第二步：在横通道内开挖中洞左上导坑，及时封闭初期支护。

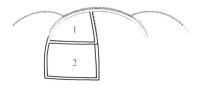

第三步：待左上导坑开挖超前8.0m时，在横通道内开挖左中上导坑，及时封闭初期支护。

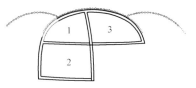

第四步：待左上导坑开挖超前14.0～16.0m、左中上导坑超前6.0～8.0m时，在横通道内开挖右上导坑，及时封闭初期支护。

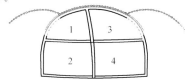

第五步：待左上导坑开挖超前22.0～24.0m、左中上导坑超前14.0～16.0m、右上导坑超前8.0m时，在横通道内开挖右中上导坑，及时封闭初期支护。

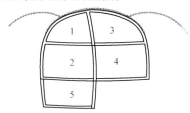

第六步：待左上导坑开挖超前28.0～30.0m、左中上导坑超前20.0～22.0m、右上导坑超前14.0m、右中上导坑超前6.0m时，在横通道内开挖左中下导坑，及时封闭初期支护。

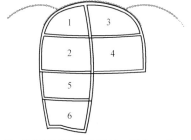

第七步：待左上导坑开挖超前34.0～38.0m、左中上导坑超前26.0～30.0m、右上导坑超前20.0～22.0m、右中上导坑开挖超前12.0～14.0m、左中下导坑超前6.0～8.0m时，在横通道内开挖左下导坑，及时封闭初期支护。

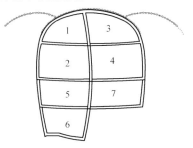

第八步：待左上导坑开挖超前40.0～44.0m、左中上导坑超前32.0～36.0m、右上导坑超前26.0～28.0m、右中上导坑超前18.0～20.0m、左中下导坑超前12.0～14.0m、左下导坑超前6.0m时，在横通道内开挖右中下导坑，及时封闭初期支护。

图4-4 磁器口站中洞法施工步序图（一）

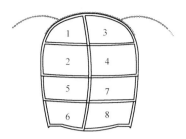

第九步：待左上导坑开挖超前46.0～52.0m、左中上导坑超前38.0～44.0m、右上导坑超前32.0～36.0m、右中上导坑开挖超前24.0～28.0m、左中下导坑超前18.0～22.0m、左下导坑超前14.0～16.0m、右中下导坑超前6.0～8.0m时，在横通道内开挖右下导坑，及时封闭初期支护。

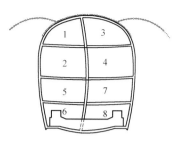

第十步：待左上导坑贯通后(此时右下导坑已经开挖大于40m)，从南北两边开始凿除钢管柱位置纵向2m范围内的横撑混凝土；停止南边导坑的开挖(由北边对应的导坑独头开挖)，然后拆除部分竖向临时支护，建议纵向一次拆除长度6m，铺设底部部分防水层，一次施作底纵梁和其间底板，预留钢筋及防水板接头。

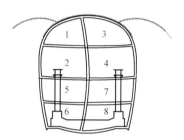

第十一步：施作下段钢管柱。

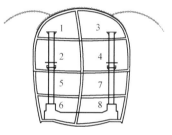

第十二步：施作上段钢管柱，灌注钢管柱混凝土。

第十三步：施作中纵梁;拆除部分竖向临时支护，建议纵向一次拆除长度6m，施作中板。

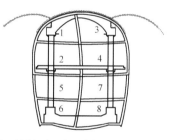

第十四步：拆除部分竖向临时支护，建议纵向一次拆除长度6m，铺设中洞拱部防水板，一次施作顶纵梁、中拱部，预留钢筋接驳器和防水板接头。

第十五步：施作南部衬砌完毕的顶梁之间的钢管横撑;对称同步开挖南部边孔上导坑，及时施作封闭初期支护。

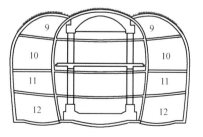

第十六步：按图中顺序对称开挖南部两侧边跨，及时施作封闭初期支护;导坑台阶超前6.0～8.0m。

图 4-4 磁器口站中洞法施工步序图（二）

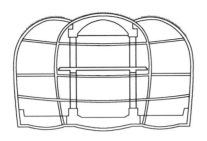
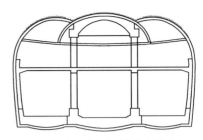

第十七步：待侧洞上导坑贯通后，停止南边导坑的开挖；拆除中洞下部临时支护，纵向一次拆除18m，铺设两侧边跨底板及部分边墙防水层，施作二次衬砌，并预留好钢管及防水板接头，必要时在中隔壁下加临时支撑。

第十八步：拆除下部、中部临时仰拱及中洞部分临时支护，纵向一次拆除9m，铺设两侧边墙防水板，施作两侧边墙及两边跨中层板二次衬砌，并预留好钢筋及防水板接头。

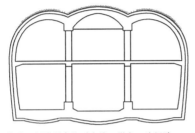
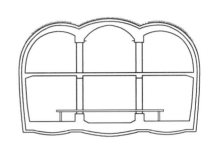

第十九步：拆除剩余临时支护，纵向一次拆除9m，施工边墙部分及拱部防水层，与顶纵梁上的防水层搭接好，灌注剩余衬砌。

第二十步：施作站台板，完成全部主体结构；拆除顶纵梁之间的钢支撑。

图4-4　磁器口站中洞法施工步序图（三）

3. 主要施工技术措施

暗挖车站采用大管棚超前支护，辅以小导管超前注浆加固地层。暗挖风道采用拱部小导管注浆加固地层，其中在风道挑高段采用双排小导管。为保障施工的顺利进行需要进行施工降水，以达到疏干潜水和降低承压水的目的，保证无水施工。打设管棚及小导管时，必须根据其上方的管线埋深，及时调整打设角度和长度，防止管线被破坏。

（1）地下管线的处理措施

崇文门外大街与两广大街交叉口处的市政管线众多，大部分与道路走向平行，并在路口处交叉和分支，沿道路的管线主要设于道路分隔带、辅道及人行道之下，其中主要有3000mm×2700mm的T形走向电力方沟。对西南风道的影响，采取双排小导管支护；对主体结构的影响，采取在主体上方改移电力方沟，并以大管棚超前支护来解决。横跨主体结构上方的两根直径1660mm污水管及一根直径2000mm污水管，采取注浆加固其下方开挖掌子面的办法通过；横跨主体结构并侵入主体结构的3000mm×2700mm的电力方沟，施工前应进行改移处理，施工单位应与改移单位密切配合，采取可靠措施，确保车站顺利开挖通过。另外在西南风道初期支护挑高段外侧有一处人防通道、在东北风道初期支护挑高段外侧有DN1000污水管影响施工，设计中均采取在挑高段打设双排小导管支护处理。对其他离结构较近的管线，通过监控量测了解施工对其影响，发现不利情况，及时采取有效措施进行处理。

（2）邻近建（构）筑物的保护

距西南风井5m左右有一处3层楼房，距东北风井5m左右有一处5层楼房，施工中应布点量测。暂不考虑特殊保护措施，但有特殊情况发生时应及时通知有关单位，以便采取可靠保护措施。对于其他地上建筑物，通过已布点的沉降情况及现场观察，确定是否增加测点或采取保护措施。

4.2.3 数值分析

车站施工阶段的计算模式为取一定边界范围的土体作为分析对象，采用同济启明星有限元计算分析软件进行平面力学数值模拟施工开挖、支护、衬砌全过程。计算假定为平面应变的弹性分析。

假定计算边界处不受隧道开挖的影响，即该处为静止的原始应力状态，变形为零，用约束来模拟。计算宽度取隧道边墙处2.5倍的隧道宽度。计算深度为隧道底下3.0倍的隧道高度。有限元计算模型如图4-5所示。

考虑到时间效应，开挖、支护过程中应力的释放率：砂性土开挖85%，支护15%；黏性土开挖60%，支护40%。注浆加固土的力学参数可适当地提高。

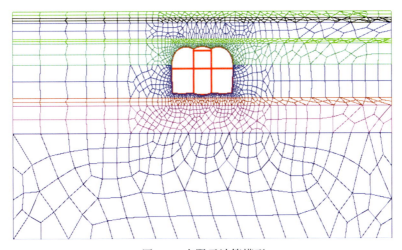

图4-5 有限元计算模型

由计算可知，初期支护最大压力为1013kN，最大弯矩为221kN·m，拱顶最大位移为28mm，地面沉降值为22mm，均满足要求。通过变形可知在拆撑部位产生应力集中。

4.2.4 工程监控量测

1. 监测点布置

依据新奥法原理，现场监控量测是本施工中必不可少的监控手段，应贯穿整个施工过程中，以便随时反馈施工过程中开挖土层、洞室支护的力学动态及地层变化情况，及时调整隧道支护参数，合理安排施工工期。现场监控量测内容主要包括地表下沉、洞内净空收敛、洞内拱顶下沉、土层压力和格栅钢筋应力。监测断面测点布置如图4-6所示。

2. 拱顶开裂分析

在施工过程中发现车站中洞二次衬砌拱顶下缘产生开裂，裂缝位置和监测情况如图4-7所示。1月份车站1部贯通，2月底中洞全部贯通，从3月份开始施作中洞结构，6月5日完成钢管柱施工。车站南端6月11日开始拱部施工，车站北端6月8日浇筑第一环拱部。K5+988.7缝宽为0.48mm，缝深126mm；K6+000.7缝宽为0.19mm，缝深

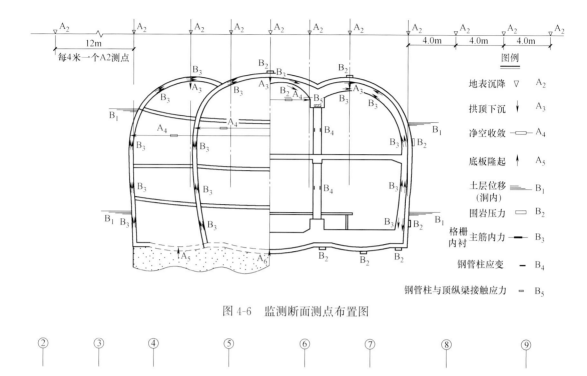

图 4-6 监测断面测点布置图

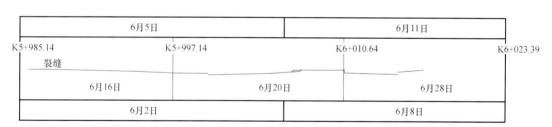

图 4-7 车站南端裂缝开裂情况

29mm；K6+010.0 缝宽为 0.21mm，缝深 58mm。

产生该现象的原因有：天梁外侧与初期支护拱顶未顶紧。拱顶浇筑厚度不够。通过计算分析得到，当假定天梁外侧与初期支护拱顶未顶紧时，拱顶裂缝验算最大裂缝宽度为 0.162mm；当假定拱顶浇筑厚度不够时，拱顶裂缝验算最大裂缝宽度为 0.337mm（考虑拱顶厚度折减为 400mm）。

通过以上各种工况的计算分析，可以得出，拱顶二次衬砌浇筑厚度不够可能造成拱顶开裂过大，天梁外侧和初期支护未顶紧不是造成拱顶开裂过大的原因。计算分析中所得数值无法与施工实测值相吻合，这可能与施工工序以及混凝土尚未达到设计强度便参加工作有关。

4.2.5 工程特点

1. 邻近建筑物密集，交通繁忙

磁器口车站位于崇文门外大街与两广大街的交叉路口处，周边建筑密集，为东城区商业旺区。崇文门外大街为北京市南北向干道，地面交通十分繁忙，车流、人流密度大。

2. 地下管线众多

西南风道处主要有 3000mm×2700mm 的 T 形走向电力方沟，两根直径 1660mm 污水管及一根直径 2000mm 污水管横跨主体结构上方，3000mm×2700mm 的电力方沟横跨主体结构并侵入主体结构，另外在西南风道初期支护挑高段外侧有一处人防通道、在东北风道初期支护挑高段外侧有 DN1000 污水管影响施工。

4.3 PBA 法建造北京地铁 7 号线磁器口站

4.3.1 工程概况

1. 车站周边环境

磁器口站是北京地铁 7 号线工程第 8 座车站，车站总建筑面积 16159.3m²，中心里程 K9+334.900。该车站位于广渠门内大街与崇文门外大街的交口处东侧，为 5 号线与 7 号线的换乘车站，呈东西走向，既有 5 号线车站跨路口南北向设置，现已投入运营。

车站共设 2 组风亭、3 个出入口、2 条换乘通道及 1 个紧急疏散口。其中 1 号出入口通道，出站厅向北提升，底板标高 18.1～23.9m，之后沿广渠门内大街向东可直接出地面，1A 地面厅与 2 号风亭合建，向西与 5 号线东北出入口通道接通，并接入新世界开发商业地下一层；2 号出入口通道，出站厅向南，底板标高 17.7～18.3m，之后沿广渠门内大街向东直接出地面，地面厅与车站安全疏散出口合建，设置于新裕商务大厦北侧；3 号出入口通道，出站厅向南提升，直接接入新世界南侧商业地下二层，底板标高 18.1～32.3m（图 4-8）。

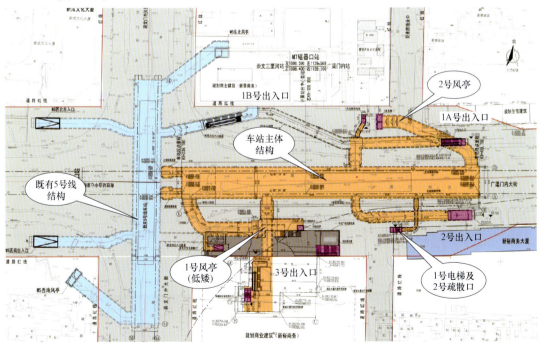

图 4-8 北京地铁 7 号线磁器口站周边环境和位置图

2. 车站概况

车站主体结构三层段顶板埋深 9.6m,结构高 21.96m,总跨度 23.1m,长 25.8m(图 4-9);两层段顶板埋深 15.4m,结构高 17.3m,总跨度 23.1m,长 198.2m(图 4-10)。

三层段结构侧墙厚 0.8m,中板厚 0.4m,底板厚 1.1m,拱顶厚 0.6m,中柱直径 0.8m;二层段结构侧墙厚 0.8m,中板厚 0.4m,底板厚 0.7m,拱顶厚 0.6m,中柱直径 0.8m。

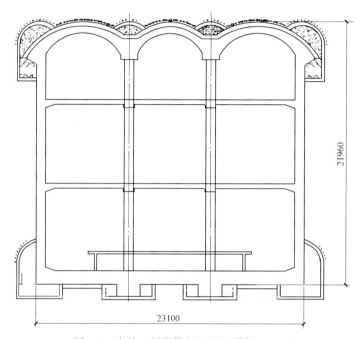

图 4-9 车站三层段横剖面图(单位:mm)

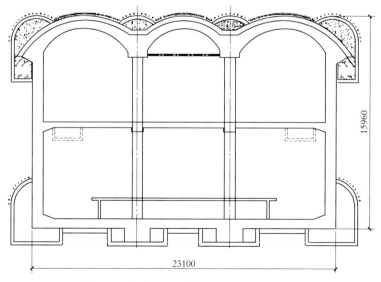

图 4-10 车站二层段横剖面图(单位:mm)

3. 水文地质条件

本段地形由西向东逐渐下降,自然地面标高在 42~43m,本段基岩埋置深度相对较大,一般大于 50m。表层以厚度不均的人工堆积的杂填土、素填土为主,人工堆积层以下为新近沉积地层,再往下为第四纪沉积层。

工程段线路沿线 58m 深度范围的主要地层有:粉土填土层、粉土层、圆砾~卵石层、卵石层和强泥岩层。车站主体结构地质纵断面图如图 4-11 所示。

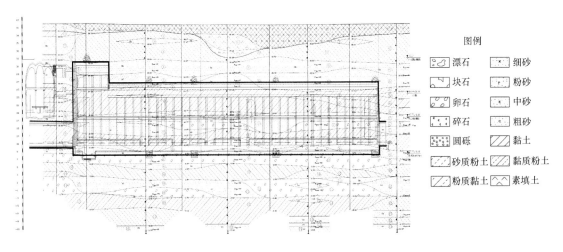

图 4-11 车站主体结构地质纵断面图

本工程场地影响范围内主要有四层地下水,分别为上层滞水、潜水、层间潜水(微承压)和承压水。

第一层地下水为上层滞水,含水层主要为粉土层,透水性相对较差,静止水位标高为 33.27m(水位埋深为 8.90m)。

第二层地下水为潜水,含水层为中粗砂层和粉细砂层,透水性好,静止水位标高 23.89~26.69m(水位埋深为 15.40~17.50m)。

第三层地下水为层间潜水(微承压),含水层主要为卵石层、中粗砂层、粉细砂层,透水性好,静止水位标高 17.77~18.96m(水位埋深为 23.00~24.40m)。

第四层地下水为承压水,含水层主要为卵石层、中粗砂层、粉细砂层,透水性好。

4.3.2 工程设计与施工步序

1. 主要设计技术

(1) 暗挖车站顶设置施工竖井

车站结构受力及施工组织复杂,设计通过建立三维模型模拟计算施工过程并分析施工组织相关问题。

(2) 优化暗挖车站顶梁部位做法及此部位防水做法

通过优化能够确保顶梁混凝土浇筑质量,同时改善的防水板预留接头做法能克服操作条件的影响而不破坏防水板预留接头,从而能保证此工法防水最薄弱环节的两道防水性能。

(3) 优化多步开挖格栅接头错位及连接质量难于保证问题

浅埋暗挖工程中多步开挖工法后开挖步骤格栅在两侧存在错位情况下能实现与两侧先期施工格栅完整连接，且接头强度满足不低于正常连接部位强度，同时便于现场恶劣条件操作。

(4) 暗挖车站遇承压水处理

磁器口站埋深达到 34m，且结构进入第二层承压水，设计期间为北京最深车站，工程通过现场抽水试验，采取排、堵结合的综合治理措施，解决施工过程中承压水处理问题。

(5) 暗挖三层车站与两层车站不设缝结合设计

磁器口站局部设计为三层暗挖车站，设计期间国内尚属首例，三层与二层相接部位抗震计算复杂，通过建立三维地层结构模型，采用时程分析方法精确计算，加强薄弱部位配筋。

(6) 暗挖车站施工通道设计优化

以往暗挖车站都是在风道开洞后进行主体结构施工，但开洞跨度大、地面沉降大，本工程优化暗挖通道跨度，满足施工要求的同时大大减小开洞部位结构跨度，有效控制地面沉降。

(7) 暗挖风道先做，风井结构后做

采取了先施工暗挖风道结构，在风道结构上方预留二次衬砌风井接口条件，待暗挖风道施工完成后，再进行风井结构施工的方式处理。

(8) 出入口矿山法仰挖设计

工程位于城市核心区，附属施工地面场地协调困难，由于工期较紧，本工程较多出入口采用了由下往上仰挖施工的方法，设计中采用了优化超前支护措施、导洞分块大小、导洞开挖顺序、开挖坡度设计、开挖过程监测的方法。

(9) 磁器口站与既有 5 号线车站换乘通道接口部位设计

换乘通道需要在既有暗挖车站侧墙开洞进行结构连接，既有暗挖车站为拱形结构，背后土体被掏空后结构受力影响较大，该工程通过先进行深孔注浆加固接口范围及以外一定区域土体，破除既有结构，分多个部分切割，并及时施作相应位置接口梁及对还未闭合的接口梁进行预支顶的方式处理，并加强监测。

(10) 多种暗挖断面设计

为满足区间及车站功能需求，本工程采用多种暗挖断面、多种施工工法，除了区间暗挖标准断面外，区间工程有采用中洞法施工的不等跨三联拱暗挖断面（总宽 23.5m，位于虎～珠区间）、采用双侧壁导坑法施工的大跨度暗挖单洞断面（开挖断面在 11～15.3m 不等，位于虎～珠、珠～崇、磁～广区间）、采用多层多导洞工法的盾构接收井断面（开挖跨度 15.5m，开挖高度 14.57m），车站工程有采用 CRD 工法施工的出口断面、采用 8 导洞施工的暗挖风道断面（磁器口站 1 号风道，开挖断面高 21.5m、宽 10.1m）等。

2. 施工步序

车站主体结构采用 PBA 法施工，图 4-12 所示为车站三层三跨段 8 导洞 PBA 工法施工步序图。

第一步：超前预注浆加固地层，台阶法开挖下导洞并施作初期支护。下导洞初支格栅上预留节点板，便于后续导洞间封底格栅连接。开挖导洞时，先开挖Z5、Z7导洞后开挖Z6、Z8导洞，纵向错开距离不小于20m。Z7导洞开挖过程中对Z6导洞之间土体进行注浆加固处理，注水泥水玻璃双液浆。

第二步：待下导洞开挖长度均不小于30m后，超前预注浆加固地层，台阶法开挖上导洞并施作初期支护。导洞初支格栅上预留节点板，便于后续扣拱格栅连接。先开挖Z1、Z3导洞后开挖Z2、Z4导洞，纵向错开距离不小于20m。下导洞开挖均超过20m后，再开挖距底导洞掌子面均不小于20m的下横导洞。

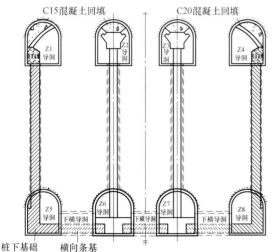
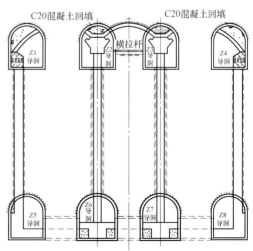

第三步：分别施工围护桩下基础及横向条基、边桩、下中导洞内防水板、底纵梁及部分底板、钢管柱、顶纵梁、上边导洞内冠梁、初期支护及背后回填、上中导洞内防水板、上中导洞内拱部回填混凝土。施作顶纵梁时预埋钢拉杆节点板。

第四步：打设中跨拱部超前支护，纵向分段开挖中跨拱部部分土体，施工中跨拱顶初期支护并设置顶纵梁间钢拉杆，钢拉杆纵向间距3m，采用φ159、壁厚为8mm的圆管。

图 4-12 三层三跨段 8 导洞 PBA 工法施工步序图（一）

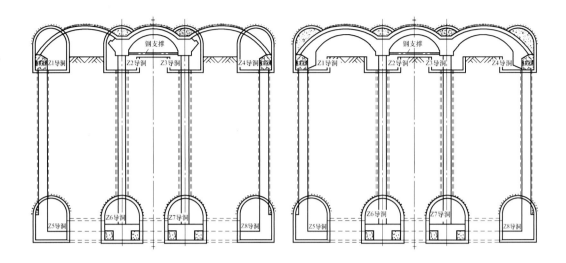

第五步：纵向分段拆除钢管柱内侧部分中导洞侧墙(每段长度不大于10m)，施工中跨拱顶防水板及二次衬砌混凝土，同时施作两边跨超前支护，待中跨混凝土达到设计强度80%后，对称施作两边跨初期支护。

第六步：纵向分段对称拆除部分边导洞侧墙(每段长度不大于10m)，施工两边跨拱顶防水层及二次衬砌混凝土。

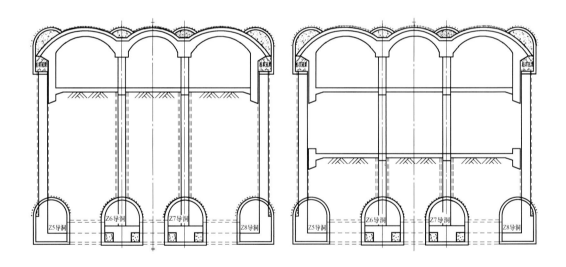

第七步：待两边跨拱顶二次衬砌达到设计强度80%后，纵向分段开挖到地下一层中板底以上土体，拆除临时支撑，柱间网喷混凝土，施作车站结构边跨处站厅层侧墙防水层，施工地下一层中纵梁、中板及部分侧墙钢筋混凝土结构。

第八步：待地下一层中板及侧墙达到设计强度80%后，纵向分段开挖至地下二层中板底以上土体，桩间网喷混凝土，施作车站结构边跨处站厅部分侧墙防水层，施工地下二层中纵梁、中板及部分侧墙钢筋混凝土结构。

图 4-12　三层三跨段 8 导洞 PBA 工法施工步序图（二）

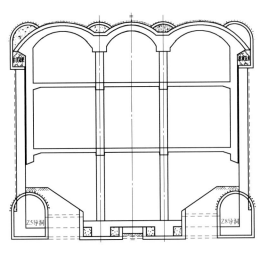
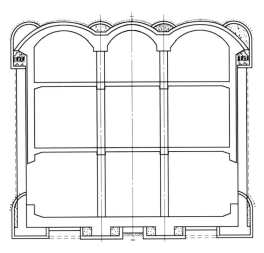

第九步:待地下二层中板及侧墙达到设计强度80%后,开挖中跨土体至底板底,施作封底结构并拆除中下导洞部分结构,施作底板防水层及浇筑底板跨中结构。

第十步:待中跨底板混凝土达到设计强度80%后,开挖边跨土体至底板底,施作封底结构并拆除部分下导洞结构,施作底板防水层及浇筑底板剩余结构。

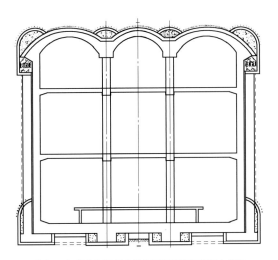

第十一步:施作侧墙剩余防水层及浇筑侧墙剩余结构,施作车站内部剩余结构。

图 4-12　三层三跨段 8 导洞 PBA 工法施工步序图（三）

4.3.3　地层-结构整体动力时程分析

地层-结构整体动力时程分析是把地震运动视为一个随时间变化的过程,并将地下结构物和周围土体介质视为共同受力变形的整体,通过直接输入地震加速度记录,在满足变形协调的前提下分别计算结构物和土体介质在各个时刻的位移、速度、加速度以及应变和内力,据此验算场地的稳定性和进行结构截面设计。

由于目前软件分析能力的限制,在地层-结构整体动力时程分析中,一般只是从中提取结构物的位移、速度和加速度,而不依据该分析提供的内力进行结构的截面验算。本次分析采用 FLAC 3D 数值分析软件。

1. 模型建立

应用 FLAC 3D 数值分析软件建模并进行土层-结构整体动力时程分析，其建模框架如图 4-13 所示。

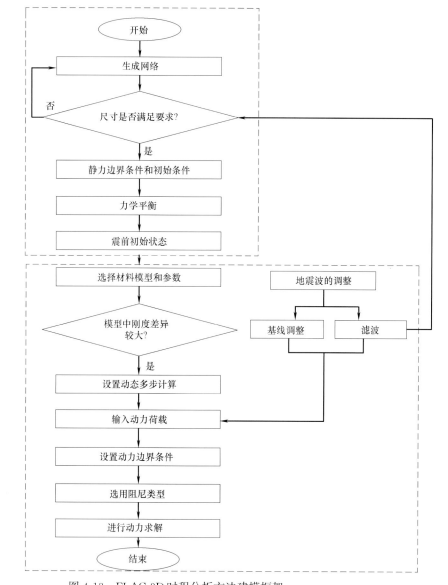

图 4-13　FLAC 3D 时程分析方法建模框架

建模过程中，土体采用实体单元。对于车站结构，由于不从动力分析中提取结构内力，因此只要能够模拟结构的刚度，就可以满足计算的要求。所以可以采用实体单元进行模拟，同时也可以采用其他结构单元，例如梁单元和壳体单元。本次分析中，侧墙、顶板、中板和底板采用壳体单元，而柱子采用梁单元进行模拟。在地震作用下，结构会发生一定的开裂，从而其刚度会有所降低，但是模型中并没有考虑钢筋的刚度，所以混凝土结构可以认为没有刚度降低，处于弹性阶段。

为了降低边界效应，车站主体结构周围土体均大于 3 倍结构尺寸，整个模型尺寸为：

80m×50m×70m。从地表面到模型底部，土质分别为素填土、粉细砂和细中砂。车站主体结构模型如图 4-14 所示。

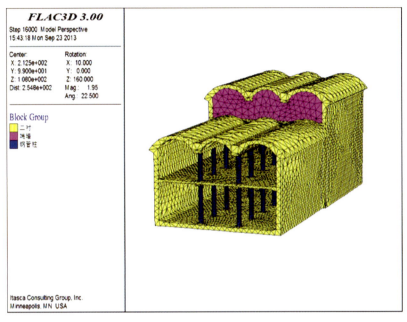

图 4-14　车站主体结构模型

为了模拟地铁修建前所在土层已存在的应力状态，需要对模型进行初始地应力场的生成。在 FLAC 3D 中，通常使用的初始应力场生成办法主要有弹性求解法、改变参数的弹塑性求解法和分阶段弹塑性求解法，本模型中采用第二种。

为了达到节约计算时间和最终速度归零的目的，需要对地震波进行滤波和基线调整，本模型采用 SeismoSignal 地震波专用分析软件对已有的濮阳地震波进行了调整。由于地震波每次往返作用的周期大约为 0.2～1.0s，地震作用频率约为 1～5Hz，因此本模型中保守地过滤掉了大于 10Hz 的成分。在土体的初始应力状态下，对土体施加通过滤波和基线调整之后的地震波。

由于模拟无限的场地是无法实现的，所以要为模型施加人工边界。模型采用的自由场边界模型包括 4 个平面网格和 4 个柱体网格。平面网格在模型边界上与主体网格一一对应，柱体网格相当于平面自由场网格的自由场边界，如图 4-15 所示。

2. 计算参数确定

（1）地震输入

本次分析中地震波输入地质安全评估部门专门提供的地震时程函数。根据抗震设计条件，本工程计算采用 50 年设计周期、超越概率为 10% 的基岩加速度反应谱和峰值加速度作为地震动时程合成的目标峰值和反应谱，合成土层地震反应分析所需的基岩地震动时程，分别进行了样本 1、样本 2 及样本 3 地震作用下的时程分析。地震波样本如图 4-16 所示。

（2）材料参数

在模型中，土体的本构模型均采用岩土常用模型 Mohr-Coulomb 模型。土层类型及特性参数见表 4-1。

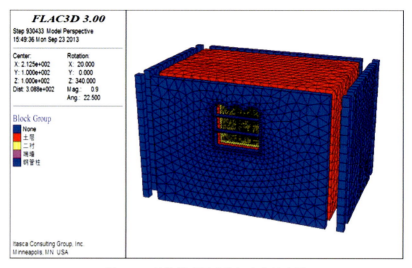

图 4-15 整体模型周边施加自由场边界

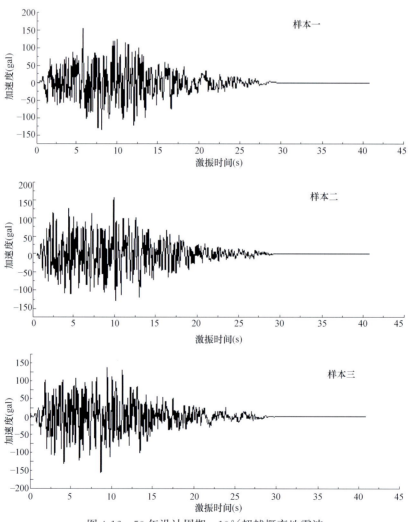

图 4-16 50 年设计周期、10%超越概率地震波

土层类型及特性参数　　　　　　　　表 4-1

土层编号	土层类型	静三轴（固结不排水剪）		动剪切模量	动弹性模量	动泊松比
		黏聚力 c_{cu} (kPa)	内摩擦角 φ_{cu} (°)	G_d (MPa)	E_d (MPa)	μ_d
⑤$_1$	中粗砂	—	—	139.4	371.2	0.331
⑥	粉质黏土	35.5	10.8	122.3	328.2	0.341
⑥$_1$	黏土			(135)	(350)	(0.35)
⑥$_2$	粉土			125.7	337.5	0.343
⑥$_3$	粉细砂			(120)	(340)	(0.34)
⑦	卵石			319.7	819.2	0.281
⑧	粉质黏土	42.4	16.2	151.6	405.0	0.335
⑨	卵石	—	—	380.9	968.7	0.271

(3) 阻尼参数

阻尼的产生主要来源于材料的内部摩擦以及可能存在的接触表面的滑动。模型采用的是局部阻尼，主要是因为局部阻尼不用求解系统的自振频率，而且相对于瑞利阻尼而言不会减少时间步，从这个意义上讲有很大的优势。局部阻尼的缺点在于不能有效地衰减复杂波形的高频部分，计算结果会产生一些高频的"噪声"。但是地震时程主要集中在 2～5Hz 的低频，所以对地震时程没有太大的影响。局部阻尼系数 αL 一般通过临界阻尼比用下式求得：

$$\alpha L = \pi D \tag{4-1}$$

其中，D 为瑞利阻尼的临界阻尼比。一般对于岩土，瑞利阻尼的临界阻尼比为 2%～5%。这里采用 5%，并由此计算出局部阻尼系数为 0.1571。

3. 动力分析结果

通过建立地层-结构模型，我们计算得到结构变形的时程云图，即地震不同时刻结构各部位的变形，如图 4-17 和图 4-18 所示。计算结果表明，随着地震加速度时程的变化，车站结构也随着时间在左右摇晃，我们以车站结构底板为变形参考面，可得到结构顶部的相对变形，见表 4-2，表中正值为向右侧变形，负值为向左侧变形。两层结构洞顶相对变形范围为 −5.5～4.5mm，三层结构洞顶相对变形范围为 −10.6～9.6mm。

时程分析监测点相对位移值　　　　　　　　表 4-2

结构部位		结构顶底部相对位移(mm)	
		向左侧变形	向右侧变形
二层	左侧墙	−3.6	4.2
	右侧墙	−5.5	4.5
三层	左侧墙	−10.1	9.6
	右侧墙	−10.6	8.3

图 4-17 二层位移云图

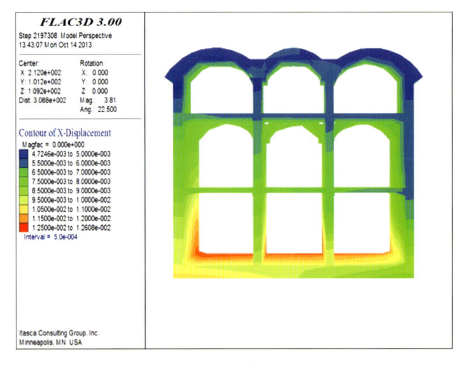

图 4-18 三层位移云图

4.3.4 工程特点

（1）磁器口站埋深达到34m，且结构进入第二层承压水约6m，设计期间为北京最深车站，工程通过现场抽水试验，采取排、堵结合的综合治理措施。

（2）为方便换乘，磁器口站局部设计为三层暗挖车站，且邻近既有地铁车站，三层与二层相接部位抗震计算复杂，设计通过建立三维地层结构模型，采用时程分析方法精确计算，加强薄弱部位配筋。

（3）由于场地及地下管线原因，暗挖车站的临时施工竖井需设置在洞桩法施工车站顶部，结构受力及施工组织复杂，设计通过建立三维模型模拟计算施工过程并分析施工组织相关问题。

（4）车站及区间邻近文物保护设计。工程邻近的很多文物建设年代久远，大部分已经使用了近百年，有的甚至是危房，地下暗挖车站体量大，对地面影响大，因此针对不同文物与本工程的位置关系及施工方法等特点，采用不同的保护措施。

（5）暗挖车站及区间下穿市政管线。本工程车站及区间穿越老城区，地下管线密集，个别管线建设时间长，因此管线保护难度极大，设计选用地面沉降控制效果较好的PBA工法进行施工，同时在拱部先施作超前深孔注浆进行土体加固。

（6）暗挖车站施工中横通道内开洞处理。暗挖车站往往是横通道进入主体开洞部位受力复杂，地面沉降难以控制，本设计通过在开洞部位设置加强环梁、严格要求开洞时序、开洞部位加强格栅设置等方式进行处理。

（7）珠市口暗挖车站换乘节点设计。本站为换乘车站，且两线斜交，预留节点不仅需要局部抬高，还需考虑热力管沟的影响，因此设计难度大，本设计通过在换乘节点部位设置一条施工横通道，并将节点部位格栅采用渐变设置方式过渡，同时二次衬砌结构在节点部位增设梁柱进行受力转换来解决该问题。

4.4 PBA法建造北京地铁房山线北延工程首经贸站

4.4.1 工程概况

1. 车站周边环境

首经贸站位于芳菲路（南北向）与看丹路（东西向）的交叉路口北侧，在芳菲路下方沿芳菲路南北向设置，与既有10号线首经贸站呈"T"形换乘（图4-19）。站位周边规划以居住、商业用地为主，车站西侧为万芳园一区，车站东侧为育菲园东里及"龙湖地产"商业下沉广场，下沉广场目前正处于施工阶段，该地块已全部围挡。车站周围主要管线有：沿芳菲路南北延伸的$\phi 400$燃气管、$\phi 1050$污水管、1600mm×1400mm雨水箱涵、$\phi 600$上水管、36mm×25mm及54mm×36mm电信管、2条通信管；沿看丹路东西向延伸的2条$\phi 400$上水管、2条$\phi 1050$污水管。

10号线首经贸站为既有已运营车站，于2012年竣工。该站位于看丹路与芳菲路十字路后正下方，沿看丹路东西向布置，明挖两层，换乘节点处明挖三层，岛式车站，有效站台宽度14m，车站全长500.8m。新建房北线首经贸站站厅层通过两条地下通道与10号线首经贸站站厅层相接；站台层与既有首经贸站站台相接，并进行相应改造，实现相互客流换乘，既有车站已预留换乘节点条件。

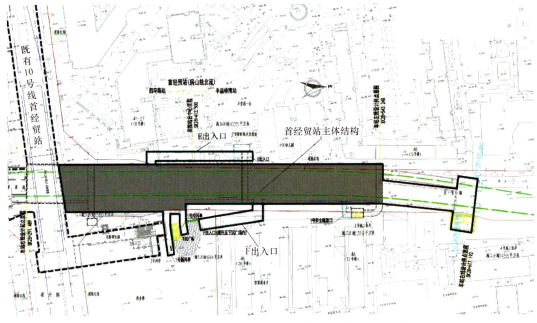

图 4-19　房山线北延工程首经贸站周边环境和位置图

2. 车站概况

首经贸站在芳菲路下方沿芳菲路南北向设置，车站为双层三跨三连拱断面（南端 3 跨为三层三跨三连拱断面）全暗挖岛式车站（图 4-20），采用 PBA 工法施工。与 10 号线换乘节点采用三层三跨三连拱断面相连，车站左线长 257.521m、右线长 326.503m（包含换乘节点），站台宽度 14m，标准段宽 23.1m。标准段覆土约为 8.19m，三层段覆土约为 4.52m。顶拱厚度为 0.7~11.0m，边墙厚度为 0.8m，底板厚 1.0m，中板厚 0.4m，中柱为 $\phi 800$ 钢管柱，柱间距 6.0m。

车站共设 2 个出入口、2 组风亭和 2 个疏散口。其中，E 出入口及 2 号安全疏散口位于车站主体的西侧，万年花城小区门口的广场上；1 号风亭和 F 出入口位于车站主体的东侧，与龙湖地产商业下沉广场合建；1 号安全疏散口位于车站主体的东北侧；2 号风亭位于车站主体东北角，此处与区间盾构吊出井合并考虑，同时设置竖井方便风井及区间施工。车站设 3 处临时竖井及横通道，分别位于车站两端及中部，待车站施工完成后将车站主体结构外部分三个临时通道全部回填。

车站南端接 10 号线首经贸站预留换乘节点，车站北端左线接暗挖区间，右线接盾构区间。

3. 水文地质条件

线路位于北京城区西南部平原地区，处于永定河冲洪积扇的中部，为永定河冲洪积平原地貌。本站地层主要为杂填土、素填土、黏质粉土、粉质黏土、细中砂、圆砾、卵石。上层导洞主要存在于圆砾卵石层，下层导洞主要存在于卵石层。车站主体结构地质纵断面图如图 4-21 所示。

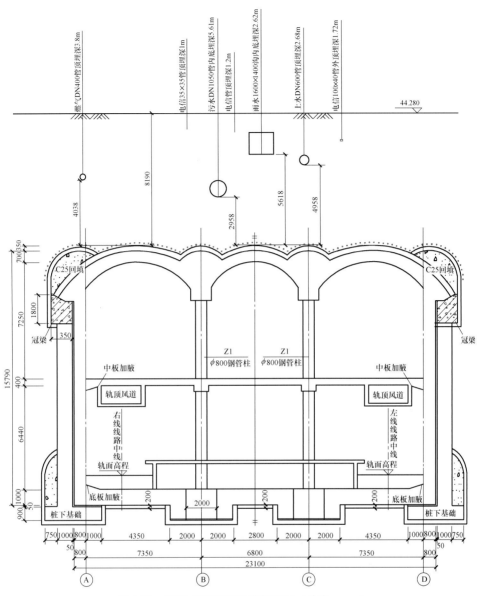

图 4-20 车站主体标准段横断面图（单位：mm）

地下水主要为潜水，水位埋深 23.50～33.20m，相应水位标高为 14.46～21.10m，含水层主要为卵石层，由于潜水受大气降水影响较大，水位有一定的变化，变化幅度一般为 2～3m。

填土层分为素填土及杂填土，其中素填土以黏质粉土为主，含少量砖渣、灰渣、水泥渣、树根、卵石及碎石等；杂填土成分杂乱，含有砖块、水泥块、卵石、碎石、少量木屑、铁丝、塑料袋、编织袋、黏性土、灰渣、细中砂等。填土厚度约 9.0～23.0m，部分区域的填土分布在线路结构底板范围内。填土为近期堆填，成分杂乱，未完全结，结构松散，其自身具有一定的不稳定性，对工程具有危害性，在线路施工时需加强防护措施。

泥岩为软质岩，在整个场地内均有分布，岩面顶板埋深 34.00～47.40m，相应标高为－10.71～－1.96m，其遇水易软化崩解，具有膨胀性，泥岩作为桩端持力层时，在设计施工中需考虑泥岩遇水软化崩解及膨胀性对桩端持力层承载力削弱的影响。

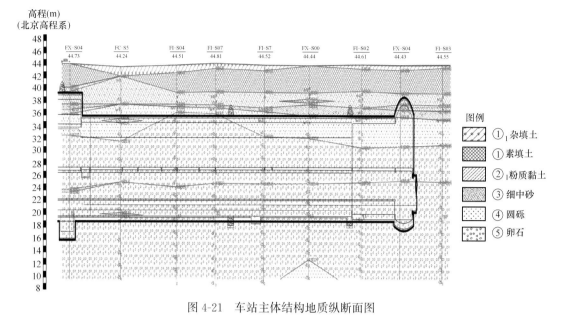

图 4-21　车站主体结构地质纵断面图

4.4.2　工程设计与施工步骤

1. 施工方法的选择

施工方法对结构形式的确定和工程造价有决定性的影响，施工方法的选定，受制于工程地质和水文地质条件、环境条件、车站埋置深度和施工期间周边地面的交通组织等因素。地铁车站常用的施工方法有明挖法、暗挖法和盖挖法。本车站主体可以采用明挖或暗挖施工，明挖基坑深度达到24.5m，暗挖结构标准段覆土为8.2m，通过对现场情况分析及两种情况的计算分析，对明挖、盖挖及暗挖工法的综合比较见表4-3。

施工方法比较表　　　　　　　　　　　　　　　表 4-3

项目	明挖法	盖挖法	暗挖法
对地面交通影响	地面需进行交通疏解	地面需进行交通疏解	对地面交通无影响
对地下管线影响	需改移十几条管线，且施工期间需对管线进行保护	管线改移数量同明挖法	局部改移少量管线，施工期间需对主要管线进行保护
对周边建筑影响	地表沉降较小，局部距离既有建筑物较近，需要采取保护措施	地表沉降较小，局部距离既有建筑物较近，需要采取保护措施	地表沉降较大，局部距离建筑物较近，需要采取保护措施
施工难度	小	较小	大
施工周期	短	较短	长
工程造价	低	较高	高
环境影响	大	较小	小
扰民程度	大	较大	小
施工技术	成熟	成熟	成熟
施工质量	好	好	较好

通过分析，在不考虑对地面交通的影响及地下管线改移难度的情况下，采用明、盖挖施工略具优势。如果采用明、盖挖施工，本站需改移大量管线，由于芳菲路规划红线宽度仅30m，车站东西两侧已经没有改移管线的空间，故地下管线改移不具备条件。芳菲路为城市次干路，规划道路宽度较窄且路两侧以密集居民区为主，明挖施工需芳菲路断路，造成居民出行的严重不便，施工期间交通导改会造成较大社会影响，因此明挖施工可实施性较小。如采用盖挖法施工，虽然可以减少施工场地面积，但需要对道路交通进行倒边疏解，且无法保证芳菲路车行道占一还一，对周边居民出行造成较大影响，因此盖挖法施工可实施性也不大。如采用暗挖施工，可利用道路两侧有限的空地作为临时竖井施工场地，仅对一条影响主体结构三层段的$\phi1050$污水管及影响出入口、风亭的少量通信管进行改迁，车站可实施性较强。

综合考虑上述环境条件，此处暗挖施工较明挖和盖挖施工更具备优势，因此本站主体采用暗挖施工。

2. 施工步序

主体结构三层三跨段及两层三跨段采用8导洞PBA工法施工，两层四跨段采用10导洞PBA工法施工，施工小导洞及主体顶拱初期支护结构，依据地质情况、结构形式等采用工程类比确定。小导洞为拱顶直墙断面，导洞尺寸具体见图纸内容；每个导洞台阶法保留核心土施工。由250mm、300mm厚的C25格栅钢架、小导管及格栅钢架组成联合支护体系。顶拱初期支护由350mm厚的C25格栅钢架、深孔注浆、锁脚锚管及格栅钢架组成联合支护体系。初期支护与结构内衬墙组成复合墙结构，两者间设置防水层。

PBA工法主体结构边桩采用灌注桩（$\phi1000@1400$），此桩起支护作用兼作竖向受力桩基，承受暗挖逆筑法顶拱拱脚竖向压力；灌注桩与结构内衬墙组成复合墙结构，两者间设置防水层。两层三跨段8导洞PBA工法施工步序如图4-22所示。

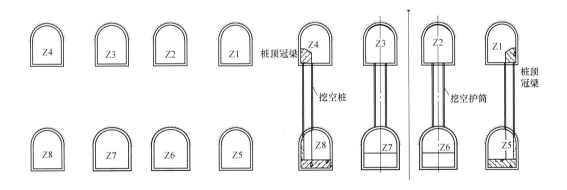

第一步：超前预注浆加固地层，台阶法(台阶上3～5m)开挖上导洞并施作初期支护。开挖导洞时，相邻导洞错开开挖，纵向错开距离不小于10m。待上导洞开挖一定长度后，下导洞完成注浆止水后，超前预注浆加固地层，台阶法开挖下导洞并施作初期支护。

第二步：下层纵向导洞贯通后，施作下边导洞内桩下条基。在两边上导洞内施工挖孔桩及桩顶冠梁(挖孔桩须跳孔施工，隔3挖1，导洞5、8拱部开挖时仅凿除初期支护混凝土，格栅钢筋不切断)并施工上下导洞间钢管混凝土柱挖空护筒。

图4-22 两层三跨段8导洞PBA工法施工步序图（一）

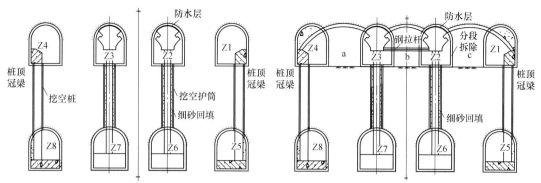

第三步：在下导洞6、7内施工底板梁防水层及底纵梁后，施工钢管混凝土柱(柱挖空护筒与钢管混凝土柱间空隙用砂填实)，然后在导洞2、3内施工顶拱梁防水层及顶纵梁，施作顶纵梁时预埋钢拉杆节点板。

第四步：施工洞室a、b、c拱顶，采用深孔注浆的方式加固土层，台阶法开挖(导洞b先行，与导洞a、c前后错开不小于10m，且导洞a、c同步开挖，施工过程中不得拆除导洞中隔壁)，施工顶拱初期支护。施工中跨拱顶初期支护并设置顶纵梁间钢拉杆，钢拉杆纵向间距3m，采用直径159mm、壁厚8mm的圆管。

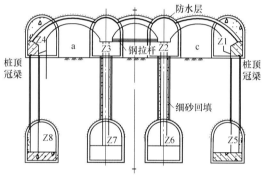
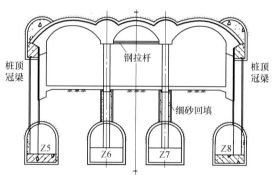

第五步：导洞a、b、c贯通后，分段凿除1、2、3、4小导洞部分侧墙(分段长度4～6m)，铺设防水层，后浇筑结构二次衬砌，并及时施工钢拉杆，施工过程中加强监测。

第六步：顶拱二次衬砌施工完成后，沿车站纵向分为若干个施工段(不大于两个柱跨)，在每个施工段分层挖土体至第一层中楼板下0.5m处(边开挖边施工桩间网喷混凝土及切割掉挖孔护筒)，分段施工第一层中楼板梁及中楼板，并施工侧墙防水层、保护层及侧墙。

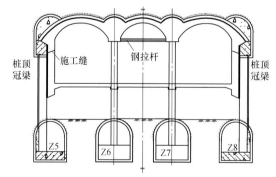
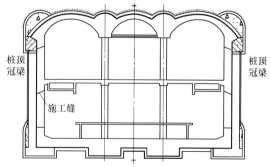

第七步：中板强度达80%后，纵向分段开挖至站台层下导洞顶部土体，桩间网喷混凝土。

第八步：按照第七步开挖剩余部分土体至底板，施作封底结构并拆除部分下导洞结构，施工底板防水层及浇筑底板剩余结构。待底板混凝土达到设计强度80%后，施作侧墙剩余防水层及浇筑侧墙剩余结构，施作车站内部剩余结构，拆除钢拉杆。

图4-22 两层三跨段8导洞PBA工法施工步序图（二）

3. 针对地层条件和施工方法的工程措施

车站地处交通繁忙地带，地下市政管线繁多，主要有：雨水、污水、上水、电力、电信、燃气等管线。为确保施工安全、有效控制地面沉降，采用如下辅助措施：

（1）施工降水

首经贸站位于芳菲路，道路较窄，周边建筑物密集，采用降水方案对地面交通影响较大，且该站地下水位埋深较深，因此采用止水方案。

（2）监控量测

对地层和支护结构进行动态监测，为施工提供可靠的信息，以达到科学指导施工、合理修改设计的目的。

（3）暗挖辅助措施

采用小导管注浆预加固地层超前支护。在三层挑高段处打设超前管棚支护，以保证结构安全。

（4）管线保护

需根据风险工程做相应的管线保护措施。

4.4.3 施工地表沉降分析

1. 模型建立

分析选用 FLAC 3D 6.0 有限差分法数值模拟软件。模拟中假定地表和各土层均呈均质水平层状分布，初始应力场只考虑自重。模型中土体采用摩尔-库伦本构模型，衬砌、梁、板、柱采用弹性本构。模型两个侧边的法向位移及模型底部的 X、Y、Z 三个方向的位移均被完全约束。模型中的地下水水面设置为 20m，地下水位以上土体密度采用天然密度，地下水位以下土体密度采用饱和密度。

根据工程概况，建立两层三跨断面数值模型，宽 100.0m、高 60.0m，厚度为 20.0m，共计单元数为 78792 个。模型整体网格划分如图 4-23 所示。

2. 数值模拟分析

由于不同断面的地质条件、施工工艺和施工质量存在明显差异，仅凭监测数据来判断层数和跨度变化引起的沉降规律是不科学的，故采用 FLAC 3D 6.0 有限差分法数值模拟软件进行模拟。分别建立相同条件下的两层四跨断面（图 4-24）、三

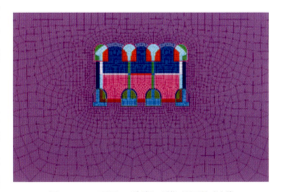

图 4-23 两层三跨断面模型网格划分

层三跨断面（图 4-25）数值模型，结合模型运算结果与两层三跨断面（图 4-23）进行对比分析，从而探索沉降分布规律。

对比数值分析结果可以发现，采用 PBA 法施工的浅埋地铁车站土体最大位移发生在车站结构两侧的拱顶处，因埋深较浅从而致使沉降槽曲线成"W"状槽形分布（图 4-26），地表沉降区域分布在车站拱顶上部地表处，沿车站轴线近似对称（图 4-27～图 4-29）。

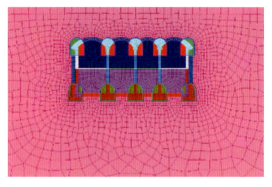
图 4-24 两层四跨断面模型网格划分

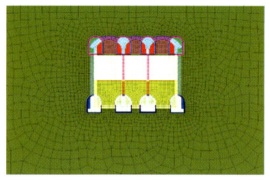
图 4-25 三层三跨断面模型网格划分

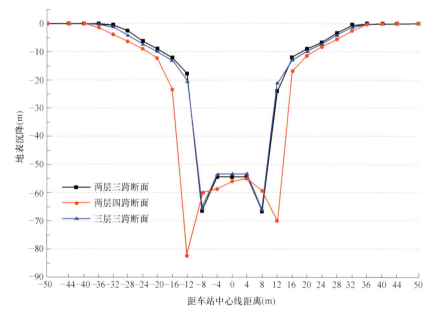
图 4-26 地表沉降曲线

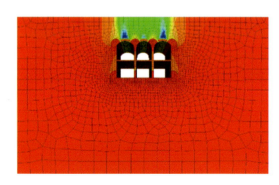
图 4-27 两层三跨模型最终沉降示意图

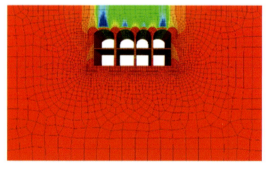
图 4-28 两层四跨模型最终沉降示意图

施工引起的大量沉降集中在导洞开挖和初期支护扣拱阶段,约占总沉降的 90.0%,桩、柱、纵梁施作阶段和土体开挖及二次衬砌施作阶段几乎不产生沉降。在导洞开挖阶段和桩、柱、纵梁施作阶段不同断面的沉降速率几乎是相同的，在初期支护扣拱时产生较大的差别，从而导致最终沉降量的差异，说明导洞开挖与初期支护扣拱是 PBA 法产生沉降的主要原因，而初期支护扣拱阶段是不同断面产生沉降产生差异的主要阶段（图 4-30）。

图 4-29 三层三跨模型最终沉降示意图

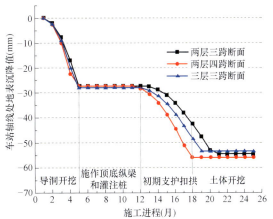

图 4-30 地表沉降随施工进度的时间曲线

此外，相较于两层三跨断面，两层四跨断面地表最终平均沉降值约为两层三跨断面的 1.1 倍，地表最大沉降值增加了约 24.2%，跨度的增加并未使沉降量明显增加，因为土体最大位移发生在车站结构两侧的拱顶处，而车站埋设较浅，拱顶的沉降并未延展到车站中心线的地表处。三层三跨断面和两层三跨断面的最终沉降量近似相同，原因在于，隧道洞径的增加引起开挖临空面的增加，从而导致围岩越容易变形，因此在初期支护扣拱时造成更明显的地表沉降，而在拱的有效保护下增加洞室高度或地铁车站结构层数不会导致地表沉降发生较大的增长。

根据现场实际监测数据，分别提取同一地层条件下不同断面的不同跨度的拱结构顶部地表最终沉降值，结果如图 4-31 所示，从图中可以发现随着拱部跨度的增加，地表沉降值增大。拱顶沉降与拱结构跨度呈现明显的正比例关系。这同样印证了 PBA 法车站施工造成的沉降槽会呈现"W"状的原因。因为三种截面中最大跨度都发生在结构的两侧，导致车站结构两侧沉降偏大。

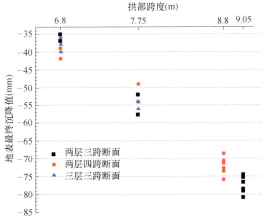

图 4-31 不同拱部跨度地表最终沉降值

4.4.4 工程监控量测

为确保施工期间暗挖支护结构、车站周边建（构）筑物、地下管线、道路和其他设施的安全及正常使用，施工期间必须加强监控量测，做到信息化施工。同时，通过施工监控量测掌握围岩、支护结构、场区周围建（构）筑物的动态，并及时分析、预测和反馈信息，以指导施工，必要时修改设计，确保工期和施工安全，并为以后工程做技术储备。

首经贸站监控对象主要包括小导洞的周边环境、支护结构体系及周围土体。其中，周边环境主要包括建筑物、地表、地下管线等；支护结构体系主要包括小导洞及车站主体初期支护；周围土体主要包括围岩土体、地下水等。周边环境监测项目有地表沉降、管线的沉降等；支护结构体系监测项目有小导洞净空收敛、仰供隆起以及钢架应力等；周围土体监测项目主要有土体沉降和水平位移、地下水位以及围岩压力等。图4-32为车站主体结构的监测剖面图。

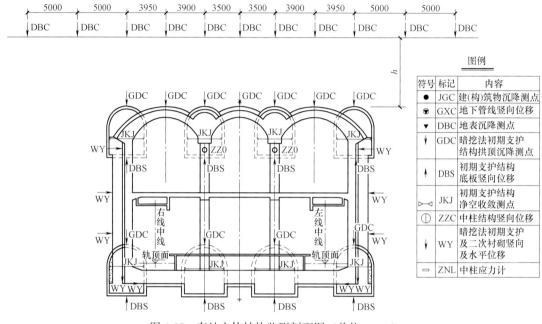

图4-32　车站主体结构监测剖面图（单位：mm）

4.4.5　工程特点

1. 车站规模大，主体结构形式多变

该站位于看丹路与芳菲路十字路后正下方，沿看丹路东西向布置，明挖两层，换乘节点处明挖三层，岛式车站，有效站台宽度14m，车站全长达326.5m。车站主体存在8导洞双层三跨三连拱断面、8导洞三层三跨三连拱断面和10导洞双层四跨四连拱断面多种断面形式。

2. 下穿重要市政管线众多

车站周围主要管线有：沿芳菲路南北延伸的$\phi400$燃气管、$\phi1050$污水管、1600mm×1400mm雨水箱涵、$\phi600$上水管、36mm×25mm及54mm×36mm电信管、2条通信管；沿看丹路东西向延伸的2条$\phi400$上水管、2条$\phi1050$污水管。

3. 车站主体邻近建筑物

车站小导洞开挖边线与侧穿万芳园一区幼儿园（3层楼，筏板基础）基础水平距离为3.0m，车站小导洞开挖边线与侧穿万芳园一区5号楼（11层楼，筏板基础）基础水平距离为3.51m。车站小导洞开挖边线与育菲园小区17、22、26号楼（6层楼，条形基础）基础水平距离分别为15.43m、17.17m、18.87m。

4.5 PBA 法建造北京地铁 10 号线国贸站

4.5.1 工程概况

1. 车站周边环境

北京地铁 10 号线国贸站位于东三环中路与建国门外大街交叉路口处，国贸立交桥北侧（图 4-33）。车站形式呈分离式岛式车站布置，南北走向，车站从国贸桥桥下群桩间穿过。两个站体主洞之间由两条客流通道与一条设备联络通道连接，外连东北、西北和南侧三个风道，分别设东北、西北和东南三个出入口以及一个与既有 1 号线国贸站换乘的 L 形换乘通道。车站主洞、北侧风道与设备通道采用洞桩法施工，客流通道与出入口斜坡段采用浅埋暗挖台阶法施工，南侧风道、换乘通道与出入口水平段采用浅埋暗挖法施工。

该场区地上交通繁忙，道路下市政管线众多。本站地处东长安街延长线及东三环的交通要地，位于 CBD 核心区，车站周围有国贸中心、中服大厦、招商局大厦、惠普大厦等重要建筑，同时有众多的桥梁基础和地下管线，为政治、商业、交通的敏感地带。

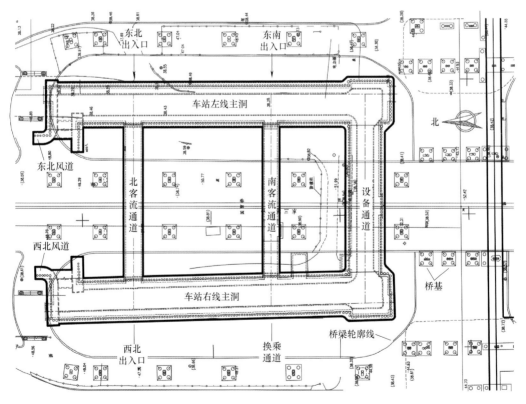

图 4-33 北京地铁 10 号线国贸站周边环境和位置图

2. 车站概况

国贸站在建国门外大街下方沿建国门外大街南北向设置，车站为双层单跨单拱断面全暗挖侧式车站，右线主洞结构横断面如图 4-34 所示，洞桩法施工。与 10 号线换乘节点采用三层三跨三连拱断面相连。车站主体结构长 131.2m、宽 13.2m、高 17.12m，站台宽度 8.25m，标准段覆土约为 8.2m。顶拱厚度为 0.7m，边墙厚度为 0.6m，底板厚 1.2m，中板厚 0.5m，边桩为 ϕ600 钻孔灌注桩，柱间距 1.0m。

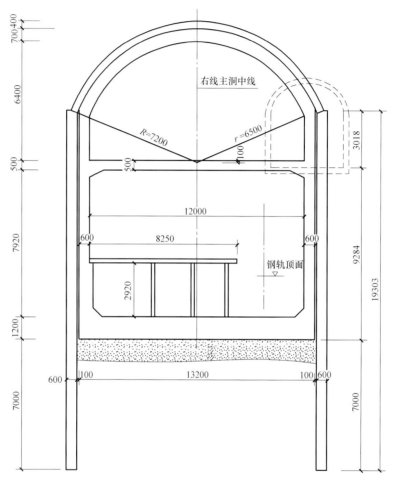

图 4-34 右线主洞结构横断面图（单位：mm）

3. 水文地质条件

站区位于永定河冲积扇的轴部，地形起伏不大。地层由填土、黏性土、粉土、粉细砂、中粗砂、圆砾卵石及细中砂等交互沉积而成，下部地层主要受永定河冲洪积扇的控制，上部地层受全新世古河道的控制。

车站顶板位于粉质黏土层、粉土层、粉细砂层和中粗砂层中；中部位于圆砾卵石层、中粗砂层、粉细砂层和粉质黏土层、黏土层、粉土层中；结构底板坐落在粉质黏土层、黏土层、粉土层和卵石圆砾层、中粗砂层和粉细砂层上。图 4-35 为车站右线主洞地质纵断面图。

本工程所涉及的地下水类型：按地下水的赋存条件属于第四纪松散岩类孔隙水；按水力性质分为上层滞水（水位埋深为 0.70~7.40m）、潜水（水位埋深为 11.92~14.78m）和承压水（水头埋深为 23.1~25.40m）。

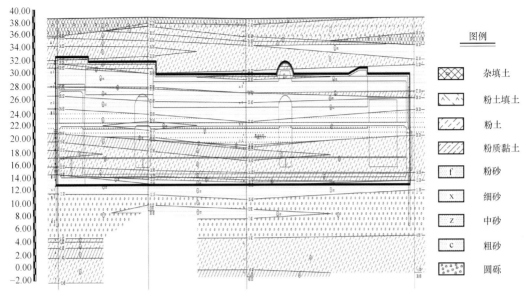

图 4-35　车站右线主洞地质纵断面图

4.5.2　工程设计与施工步序

1. 主要结构设计

（1）小导洞

标准断面宽 4.0m、高 4.5m，采用圆拱直墙单衬断面，初期支护厚度 300mm。

（2）地下基坑围护及支撑体系

采用直径为 600mm 的钻孔灌注桩作为围护体系，局部采用 800mm 的大直径桩。内撑采用直径 400mm 的钢管作为支撑（角撑加大到 600mm）。

（3）车站左、右线主洞及设备联络通道

车站主洞采用单拱直墙断面，拱部初期支护厚度 400mm，二次衬砌厚度 700mm，边墙厚度 600mm。

（4）客流联络通道

客流联络通道采用圆拱直墙复合衬砌断面，底板设置仰拱。初期支护结构厚度 300mm，二次衬砌厚度 500mm。

2. 主要施工步序

车站左右线主洞、设备联络通道采用洞桩法施工，具体工序如图 4-36 所示。北侧、南侧客流联络通道采用台阶法施工，分层开挖，并设置临时仰拱。小导洞采用台阶法施工，加高断面设置临时仰拱。

3. 主要施工技术措施

（1）管棚设置在站端主洞开口扣拱处，施工横通道车站主洞开口扣拱处和盾构接收段主洞超前支护。

（2）小导管配合注浆加固地层用于洞室拱部开挖中使用。小导洞及主体扣拱开挖中，在拱脚处设置锁脚锚管；当地层较差时，为提高地层的稳定，对掌子面进行超前预注浆。

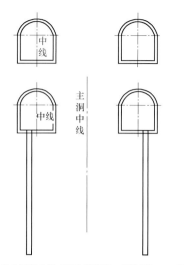

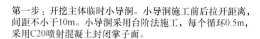

第一步：开挖主体临时小导洞。小导洞施工前后拉开距离，间距不小于10m。小导洞采用台阶法施工，每个循环0.5m，采用C20喷射混凝土封闭掌子面。

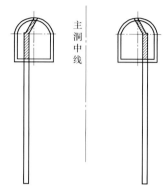

第二步：在小导洞内施工钻孔灌注桩，直径600mm、800mm，间距1m(钻孔灌注桩需跳做)。

第三步：在小导洞内施工桩顶冠梁(厚度600mm、800mm)；接着在小导洞内施工拱部初期支护拱脚(厚度400mm)，钢格栅间距500mm。

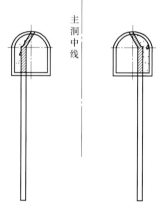

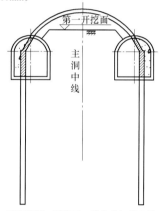

第四步：回填灌注小导洞内的墙后空间。

第五步：开挖到第一开挖面，并完成扣拱支护。

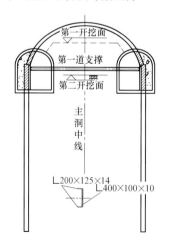

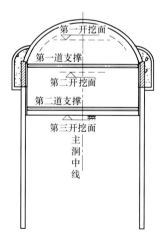

第六步：开挖到第二开挖面，并施作第一道支撑。实际开挖中，应注意"时间－空间"效应，跳做。第一道支撑形成之后，方可拆除小导洞初期支护。

第七步：向下开挖到第三开挖面，设置第二道支撑。实际开挖中，应注意"时间－空间"效应，跳做。

图 4-36 车站主洞施工步序图（一）

第4章 典型暗挖地铁车站工程

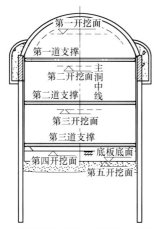 

第八步：向下开挖到第四开挖面，设置第三道支撑。注浆加固地层，加固厚度1.0m。接着开挖到基底。

第九步：基底处理、铺设防水板并施作底板结构。

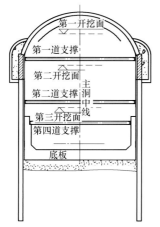 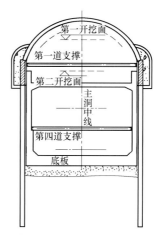

第十步：底板养护完成后，拆除第三道支撑。施作站台层部分边墙及其防水层。站台层部分边墙养护完成后，施作第四道支撑。

第十一步：拆除第二道支撑。施作车站中板及部分边墙及其防水层。

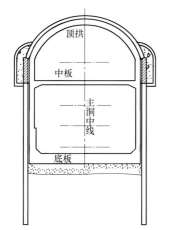 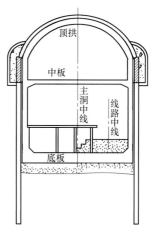

第十二步：车站中板养护完成后，拆除第一道支撑。施作车站站厅层边墙、拱顶及其防水层。养护完成后拆除第四道支撑。

第十三步：盾构过站后，施工站台板。施作车站内剩余结构。

图 4-36　车站主洞施工步序图（二）

（3）在车站主体地下基坑的开挖过程中为防止水土流失，桩间网喷混凝土，并注浆止水，注浆厚度不小于1.0m。

（4）本站采用区域性降水方案，施工按无水施工考虑，降水施工应纳入车站结构施工管理。

（5）为防止上层滞水在开挖中造成突水，应打设超前探管。

（6）每循环开挖工序后，应对掌子面进行喷射混凝土封闭，当地层稳定性较差时，应采用网喷。

（7）对闭合后的初期支护拱部背后应进行补充注浆，以提高支护强度，并减少地层沉降。

4.5.3 工程监控量测

国贸站监控对象主要包括小导洞、周边环境、支护结构体系、围护结构体系及周围土体。其中，周边环境主要包括建筑物、地表、地下管线等；支护结构体系主要包括小导洞及车站主体初期支护；周围土体主要包括围岩土体、地下水等。周边环境监测项目有地表沉降、管线的沉降等；支护结构体系监测项目有小导洞净空收敛、拱顶下沉、基坑回弹以及钢筋应力等。周围土体监测项目主要有土体沉降、水平位移和地下水位等。围护结构体系有支撑轴力、桩顶位移、桩体变形以及桩内钢筋应力等。图4-37为车站主洞结构监测断面图。

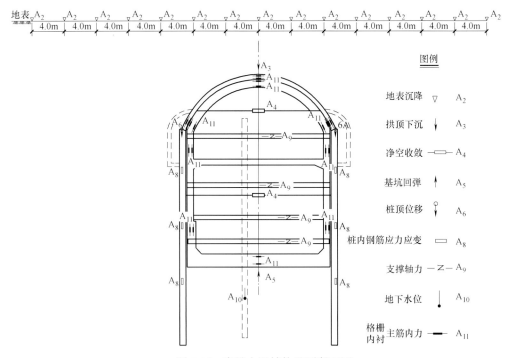

图4-37 车站主洞结构监测断面图

4.5.4 工程特点

1. 站址所在位置桥基密集，车站主洞下穿桥基

北京地铁10号线国贸站位于既有国贸立交桥下，车站洞室在国贸桥下基础之间穿过，国贸站工程施工的关键和控制因素即为施工期间桥梁的安全。

2. 邻近建筑物密集，交通繁忙

该场区地上交通繁忙，道路下市政管线众多。本站地处东长安街延长线及东三环的交通要地，位于 CBD 核心区，车站周围有国贸中心、中服大厦、招商局大厦、惠普大厦等重要建筑。

4.6 拱盖法建造青岛地铁 1 号线瑞金路站

4.6.1 工程概况

1. 车站周边环境

瑞金路站是青岛地铁 1 号线第 32 个车站，位于重庆路与瑞金路交叉路口西南侧，沿重庆路南北方向设置，位于重庆路西侧车道下方（图 4-38）。站位西侧现状为青岛市钢铁厂、青岛星电电子公司、青岛捷达化工有限公司、临街 2 层的商铺及其后的砖房。东侧为青岛卷烟厂南渠仓库。瑞金路站主体结构位于重庆路下方，地下管线密集。本站设有 2 个出入口、2 个风道、1 座无障碍电梯、1 个安全出入口。

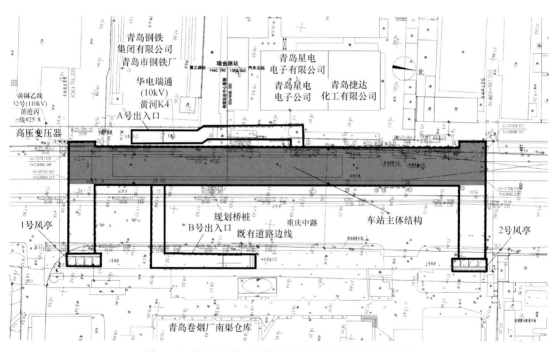

图 4-38　青岛地铁 1 号线瑞金路站周边环境和位置图

2. 车站概况

瑞金路站主体结构为地下二层单柱双跨钢筋混凝土结构，部分为双柱三跨，主体结构形式为单拱大跨大拱脚双层复合式衬砌结构，瑞金路站设计起点里程 K56+766.200，终点里程 K56+981.550，有效站台中心里程为 K56+848.000，主体总长 215.35m。车站主体采用拱盖法施工，采用全包防水。本站分两期实施，一期施工车站风井风道、斜井及主体结构，二期施工车站出入口及安全出入口等附属结构。车站两端区间皆为矿山法区间。

主体标准段开挖总宽度23m，总高度18.07m，大拱脚拱部初期支护厚度350mm，二次衬砌厚度800～2208mm。边墙初期支护厚度150mm，二次衬砌厚度700mm。主体加宽段开挖总宽度24.1m，总高度18.225m，大拱脚拱部初期支护厚度350mm，二次衬砌厚度800～2177mm。边墙初期支护厚度150mm，二次衬砌厚度700mm。仰拱厚度800mm。图4-39所示为主体结构标准段横断面图。

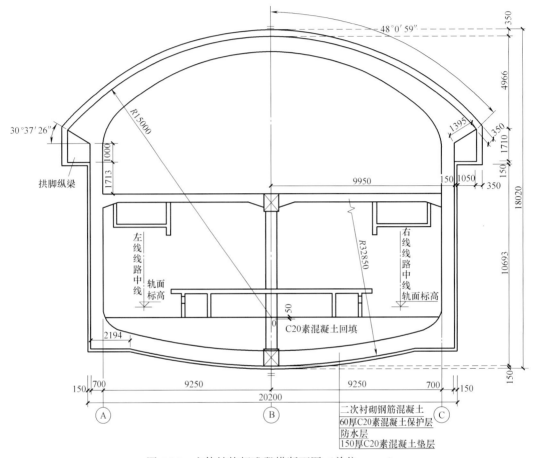

图4-39　主体结构标准段横断面图（单位：mm）

3. 水文地质条件

通过钻探揭示，场区第四系厚度0.90～3.50m，主要由第四系全新统人工填土层组成。基岩为白垩系青山群八亩地组火山角砾岩及白垩系青山群石前庄组流纹岩，受断裂影响，部分钻孔中揭露有相应岩性的构造岩。围岩分类为Ⅳ～Ⅴ级。图4-40所示为车站主体结构地质纵断面图。

车站主体顶板均位于中风化火山角砾岩及强～中风化火山角砾岩中，岩体为镶嵌碎裂状结构；车站底板落在微风化火山角砾岩上，岩体主要为块状结构，车站边墙落在中～微风化火山角砾岩上，局部为节理发育带，岩体为镶嵌碎裂状结构和块状结构。

本段地铁线路沿线未见地表水系发育。场区地下水主要类型为基岩裂隙水。在场区主要以层状、带状赋存于基岩强风带、裂隙密集发育带中，由于裂隙发育不均匀，其富水性不均匀。强风化带中，透水性较差，富水性贫；主要接受大气降水补给，以地表蒸发为主要排泄方式。

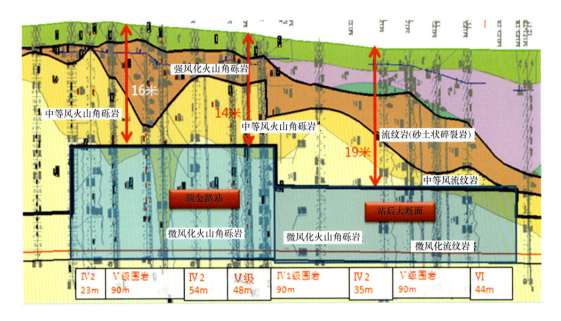

图 4-40 车站主体结构地质纵断面图

4.6.2 工程设计与施工步序

1. 主要施工方法

本站主体结构形式为单拱大跨大拱脚双层复合式衬砌结构，主体总长 215.2m。车站风井兼作施工竖井，采用倒挂井壁法施工，风道兼作施工通道，采用 CD 法施工。

本站站后设置停车线，长 257.95m，为四线暗挖大断面结构，采用拱盖法施工。鉴于本站及站后大断面暗挖体量较大，严重制约工期，本站设置临时施工斜井。斜井主道明挖段长 79.304m，采用钢管桩加锚索支护方式。暗挖段长 84.913m，采用台阶法施工，采用直墙拱断面形式。斜井支道内净宽 7m，临近 2 号风井处内净空收窄为 6.6m。本斜井明挖段车站 B 号出入口明挖基坑合建，钢管桩按照兼顾斜井和出入口基坑深度设置。

本站利用 1 号风井风道及斜井施工车站拱盖部分，并分别采用 1 号风井及斜井进行出渣及建材运输，利用斜井施工车站及站后区间大断面结构。拱盖部分施工完毕后将斜井向下扩挖至车站下部，并开挖车站下部岩体，主要利用斜井出渣。同时向下继续开挖 1 号风井风道结构，施作风井风道初期支护及二次衬砌结构。待车站主体施工完毕后，将斜井主道改造成 2 号风井风道结构。图 4-41 所示为车站及站后大断面工筹示意图。

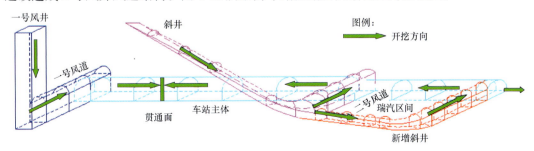

图 4-41 车站及站后大断面工筹示意图

2. 主要施工步序

瑞金路站主体拱盖法施工步序如图 4-42 所示。

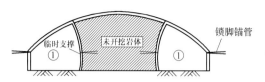

第一步：施作超前支护，台阶法开挖上断面左右侧导洞岩体，立即初喷4cm厚混凝土封闭围岩；施作锚杆、架立格栅拱架及竖向临时钢拱架、绑扎钢筋网、喷射混凝土。两侧导洞错开不应小于15m。

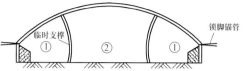

第二步：台阶法开挖上断面中部岩体，立即初喷4cm厚混凝土封闭围岩；施作锚杆、架立格栅拱架及竖向临时钢拱架、绑扎钢筋网、喷射混凝土；施作两侧洞内拱脚纵梁。

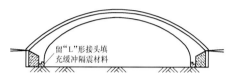

第三步：分段拆除竖向临时钢支撑，施工拱部防水层及模筑二次衬砌并预留侧墙施工缝。同时应加强监控量测，及时调整分段长度。

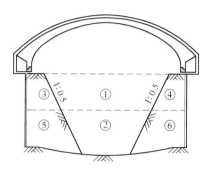

第四步：沿车站纵向分为若干个施工段(不大于两个柱跨)，按①～⑥顺序开挖下半断面并及时施作初期支护；在侧墙2m范围内采用松动爆破或非钻爆法开挖等方法，保证拱脚托梁下岩石完整性。

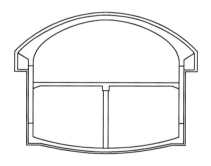

第五步：开挖至底板底标高后，施工底板垫层，采用顺作法施作主体结构。

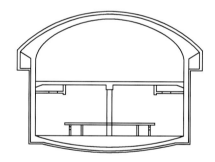

第六步：施工车站内部结构及装修，完成车站结构施工。

图 4-42　瑞金路站主体拱盖法施工步序图

3. 风险工程设计

（1）工程自身风险

主体结构埋深约 11.5～15.5m，开挖宽度约 21.9m，开挖高度为 18.5m，车站主体结构主要处于中等风化火山角砾岩、微风化火山角砾岩层中，车站范围内顶拱围岩分级为Ⅲ～Ⅴ级。存在一定风险，定为Ⅱ级风险。

（2）环境风险

车站主体上方重庆路为城市主干道，车流量较大，重载车量较多。风险源的分级定为Ⅲ级。表 4-4 列出了主要风险工程及其控制措施。

主要风险工程及其控制措施　　　　　　　　表 4-4

序号	风险工程名称	技术风险等级	管理风险等级	风险控制措施
1	主体结构大断面	Ⅱ级	Ⅱ级	车站采用拱盖法施工，Ⅳ级围岩采用 φ25 中空注浆锚杆＋初期支护采用 350mm 厚格栅钢架(0.75m 间距格栅)＋喷射混凝土支护。Ⅴ级围岩采用拱部超前小导管＋初期支护采用 350mm 厚格栅钢架(0.5m 间距格栅)＋喷射混凝土支护。锁脚小导管注浆加固保证拱脚稳定
2	风道进主体结构	Ⅱ级	Ⅱ级	风道开马门进车站主体打设 φ108×5mm 管棚，环向间距 0.4m，长 12m。管棚间打设 φ42 超前小导管。进洞应密排三榀格栅进行加强
3	车站下穿市政道路	Ⅲ级	Ⅲ级	施工期间应严格按"短进尺、弱爆破、早封闭、勤量测"的 12 字方针进行施作，以确保施工安全。应注意对拱脚岩石进行保护，控制爆破强度，必要时采取机械开挖或静态爆破；遇软弱及破碎围岩时，可采用小导管注浆进行加固，保证岩石的完整坚固。同时做好超前地质预报，加强监控量测，最大限度保护围岩，充分发挥围岩自身承载力，预留围岩变形量应由实际情况确定，并根据量测反馈信息调整该参数
4	地下管线	Ⅲ级	Ⅲ级	对污水、雨水(沟)，在有条件的情况下，应进入洞内探明管线的现况及渗漏水情况，必要时施工前对污水管采取洞内导流、增设防水内衬等措施，施工过程中采取定向注浆等措施确保管线安全；对上水管及燃气管等有压管线，需在施工前与相关部门进行一次应急演练，对演练中发现的问题进一步完善，施工前制定完善的抢险预案，备足抢险物资，如遇险情立即启动抢险预案并及时上报相关单位

4.6.3　风道结构变形及地表沉降分析

根据地质勘探提供的风道地层围岩的物理力学性质，采用地层-结构法用 Midas GTS 二维对象有限元分析软件建模分析计算车站洞室的初期支护。在有限元模型中采用了理想弹塑性材料，进行非线性计算。围岩材料的本构模型采用莫尔-库仑模型，以考虑围岩的非线性变形。模型围岩采用弹塑性各向同性体材料模拟，锚杆采用全长粘结式杆材料模拟，衬砌采用全长粘结式直梁材料模拟。隧道施工的分步开挖过程通过软件提供的"挖去"来实现。在尽量减少所谓"边界效应"的前提下，计算模型选取两侧边界至中心线距离约为隧道开挖洞径的 5 倍范围。初期支护在施工期间承受施工荷载、土压力。有限元计算模型如图 4-43 所示。

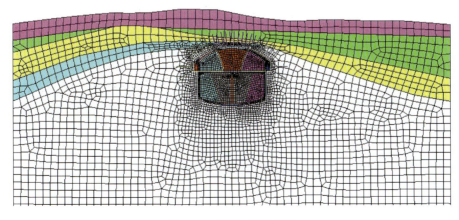

图 4-43　有限元计算简图

1. 计算参数

模型计算参数取值参考地勘建议值。

2. 计算结果及分析

埋深在 12.4m 左右，拱墙顶设置 $\phi 25$ 中空锚杆，呈梅花形布置：$L=3.5\text{m}@1500\text{mm}\times 1000\text{mm}$（环向×纵向），喷射 C25 混凝土。主要施工工法采用四台阶法，其受力情况分析如下：

隧道开挖后围岩产生变形并在周边形成塑性区，其围岩变形及地表沉降曲线详见图 4-44 和图 4-45。

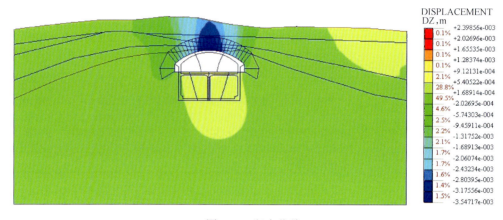

图 4-44　竖向位移

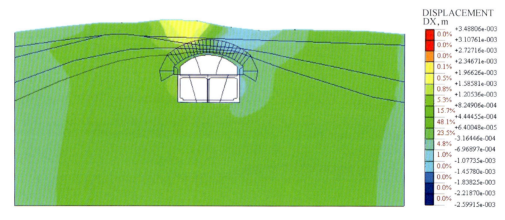

图 4-45　水平位移

计算结果显示，拱顶最大位移约为 4.5mm，地面沉降最大位移为 2.4mm，经验算均满足要求。

4.6.4　工程监控量测

工程监控量测的目的主要为监视地层应力和变形情况，验证支护衬砌的设计效果，保证地层稳定和施工安全；通过量测数据的分析处理，掌握地层稳定性变化规律，预见事故和险情，作为调整和修正支护设计的依据，提供土层和支护衬砌最终稳定的信息；积累量测数据，为今后的隧道设计与施工提供工程类比的依据。

现场监控量测内容主要包括地表下沉、洞内净空收敛、洞内拱顶下沉、拱脚纵梁沉降、围岩压力、地面建（构）筑物及地下管线沉降。监测点布置如图 4-46 所示。

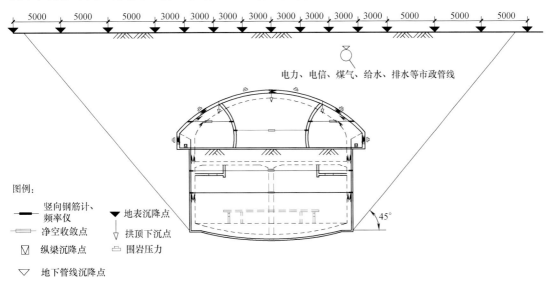

图 4-46 主体结构监控量测图（单位：mm）

4.6.5 工程特点

本工程的特点是采用拱盖法施工。拱盖法利用风化岩的高强度，充分发挥岩石的承载能力，在不爆破和弱爆破的条件下进行上部拱盖施工，取消侧壁支撑结构，将拱盖两端拱脚支撑在两侧稳定的基岩上，形成稳定拱盖支撑体系，在拱盖的保护下，向下爆破开挖，进行盖挖法后续施工。

拱盖法较好地解决了在上软下硬地层中进行暗挖车站施工的难题，是在"上软下硬"条件岩石地层中进行浅埋暗挖地铁车站施工的主流工法。

4.7 新管幕法建造沈阳地铁 2 号线新乐遗址站

4.7.1 工程概况

1. 车站周边环境

沈阳地铁 2 号线新乐遗址站位于黄河北大街与龙山路交叉口北，沿黄河北大街呈南北向布置（图 4-47）。距离施工区域较近的建筑物主要有 2 号竖井南侧的电信局设备楼，且施工区域影响范围内的地下构筑物和管线众多。

新乐遗址站主体沿黄河北大街呈南北向布置，黄河北大街为沈阳市主干道。现场利用两个风井作为施工竖井进行车站主体施工，1 号竖井工区在车站主体的东北、黄河北大街东侧，其围挡大门面向黄河北大街。2 号竖井工区在车站主体的西南、龙山路的南侧，其围挡大门面向龙山路。3 号出入口区域临近 2 号竖井，暂时为工区提供材料堆放及部分材料加工场地。

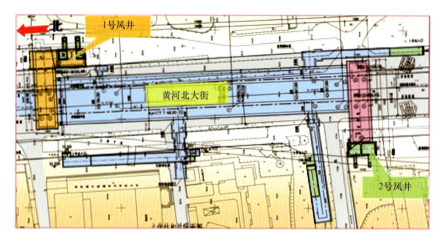

图 4-47　沈阳地铁 2 号线新乐遗址站周边环境和位置图

2. 车站概况

车站计算站台中心里程为 K2+855.00，车站起点里程 K2+748.600，终点里程 K2+928.400。新乐遗址站南北各设置一座风井及一条风道，另设出入口 3 处、消防疏散出入口 1 处，车站全长 179.80m，总建筑面积 12953m^2。依据全线总体施工筹划和施工工期要求，车站两端区间采用盾构法施工，盾构在本站过站，过站采用"先遂后站法"施工，车站底板无需加深，且无需预留盾构接收和始发条件。

车站主体为单拱双层岛式车站，外轮廓为单拱大跨结构，宽约 26m，总跨度约 24m，总高约 18m，内净空约 15m，站厅层为单跨结构，站台层为双跨结构，外墙及底板结构为单层结构（非复合式衬砌结构），结构顶部覆土 7.6～11.2m，拱墙厚度为 0.8m～1.2m，底板厚 1.6m，中板厚 0.5m，中柱为 0.8m×0.8m 混凝土柱，柱间距 9.75m。车站风道及主体均采用模筑衬砌支护法施工，主体结构横断面如图 4-48 所示。

3. 水文地质条件

本站场地地势北高南低，地面标高 41.167～51.076m。场地地貌类型属第四系浑河新扇。新乐遗址站施工场地地势较平坦，地基土主要由杂填土、砂类土、碎石类土及少量黏性土组成。车站主体两端地质剖面如图 4-49 所示。

场区地下水为潜水，勘察期间地下水水位埋深为 8.7～14.2m，标高 32.53～37.94m，位于拱顶下 1.9m。水位、水量随季节性变化，勘察期间属枯水期，地下水主要赋存于浑河冲积扇形成的④$_4$砾砂、④$_5$圆砾、④$_3$粗砂层中，地下水位年变幅为 0.5～2.0m。含水层渗透性强，渗透系数一般在 50～110m/d 之间，水力坡度约为 0.1‰左右。

4.7.2　工程设计与施工步序

1. 模筑衬砌支护法施工工艺

模筑衬砌支护法施工工艺关系到采用这一新工法进行地下结构暗挖施工的成败，是整个施工方法的核心技术，其中钢管顶进又是其中最重要的一环。模筑衬砌支护法施工工艺包括：

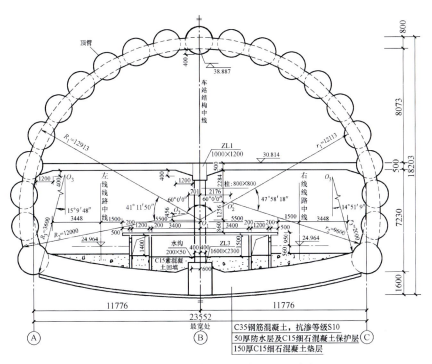

图 4-48 新乐遗址站主体结构横断面图（单位：mm）

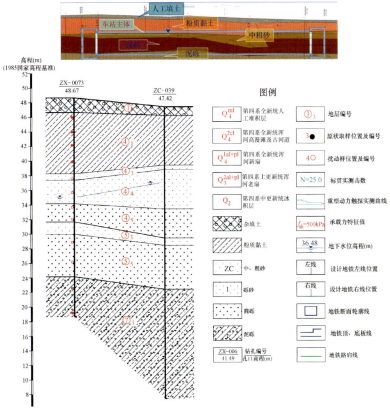

图 4-49 新乐遗址站工程地质剖面图

（1）钢管顶进。
（2）钢管切割支护及管廊内结构施工。
（3）混凝土施工。
（4）后期土方大开挖及剩余部分结构施工。

模筑衬砌支护法主体结构的施工流程如图4-50所示。

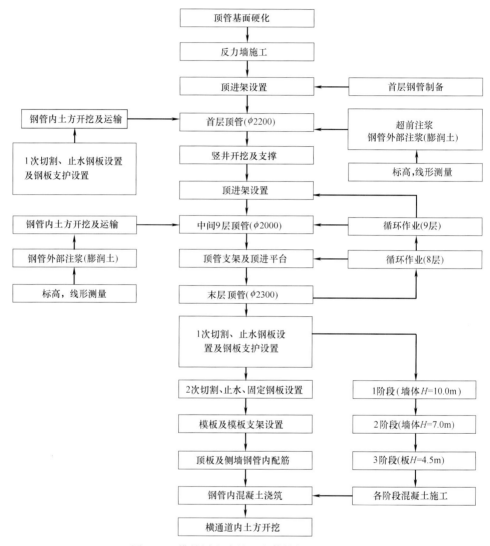

图4-50 模筑衬砌支护法主体结构施工流程

2. 车站施工步序

新乐遗址站两端区间，即陵新区间和新北区间均采用盾构施工，根据总体施工筹划和施工工期要求，在车站主体拱墙结构施工的同时，盾构机需从新乐遗址站过站。待顶管施工完成后，在车站拱墙施工的同时，土方大开挖之前，盾构先行过站，待盾构过站完成后，再进行土方大开挖，完成后续中板及底板结构施工。盾构过站施工引起盾构管片上方土体沉降，这个沉降会造成已完成的顶管下沉。

在顶管施工完成后，进行盾构过站施工期间，采用拱墙逆作法和中板顺作法进行施工，施工步序如图 4-51 所示。

3. 钢管顶进施工工艺

模筑衬砌支护法主要包括顶管、钢管切割形成管内空间、管内结构施工、混凝土施工、结构内土方开挖等几个关键施工环节，其中顶管质量的好坏直接影响后期相关环节的施作，故钢管顶进是模筑衬砌支护法最关键的一环。

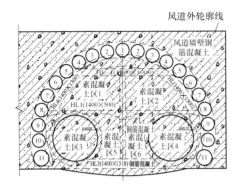

第一步：
1. 在横通道内依次破除顶管处的混凝土，按顶管编号顺序顶进钢管。
2. 每根钢管顶进完成后，应从管顶向管周充填注浆管土间隙。

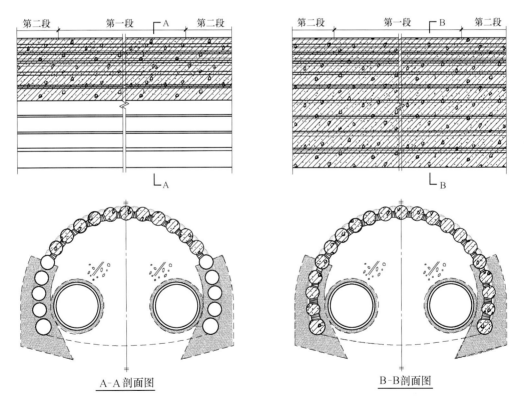

第二步：
1. 先进行站厅层钢管切割并设置钢管支护。
2. 由下至上分层浇筑站厅层拱墙钢筋混凝土结构。
3. 同时进行盾构过站施工。

第三步：
1. 待盾构过站推进完成后，进行站台层钢管切割，并设置钢管支护。
2. 进行站台层拱墙钢筋混凝土支护。

图 4-51 新乐遗址站主体结构施工步序图（一）

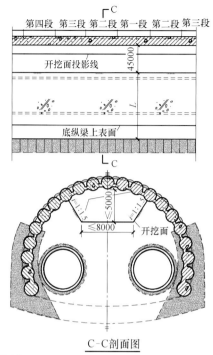

C—C剖面图

第四步：
1. 待结构混凝土强度达到100%后，在车站全长范围分段、分层开挖图示范围土方。
2. 补充焊接结构内侧部分钢管焊缝。

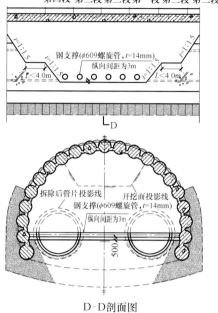

D—D剖面图

第五步：
1. 分层开挖第一段图示范围土方，边挖边拆除管片并运输。
2. 架设中板下钢支撑。
3. 补充焊接结构内侧部分钢管焊缝。

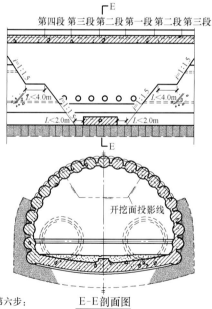

E—E剖面图

第六步：
1. 继续开挖土方至底板下，施工第一段底板钢筋混凝土结构，并回填底部混凝土。
2. 补充焊接结构内侧部分钢管焊缝。
3. 待上一工序结构混凝土强度达到100%后，重复第四步～第五步工序，直至车站全长度范围形成拱墙、柱、中板及底板的封闭结构。

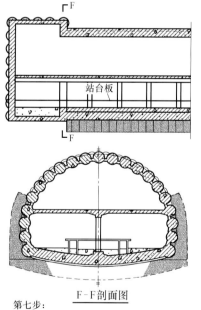

F—F剖面图

第七步：
1. 补充焊接结构内侧部分钢管焊缝。
2. 回填及施作车站内附属结构。

图4-51 新乐遗址站主体结构施工步序图（二）

新乐遗址站车站主体需顶进钢管 11 层，共 21 根钢管，每根钢管总长度为 159m，由两端风道竖井分两头对顶，1 号竖井顶进 86m，2 号竖井顶进 73m。第一层钢管直径为 2200mm，钢管壁厚 18mm；第二～十层钢管直径为 2000mm，钢管壁厚 20mm；第十一层钢管直径为 2300mm，钢管壁厚为 22mm。为便于统计，将 21 根钢管进行编号，如图 4-52 所示，图中每根钢管首字母阿拉伯数字表示第几层钢管，字母 A 表示车站西侧钢管，字母 B 表示车站东侧钢管。钢管净间距 146～277mm。钢管顶进施工流程如图 4-53 所示。

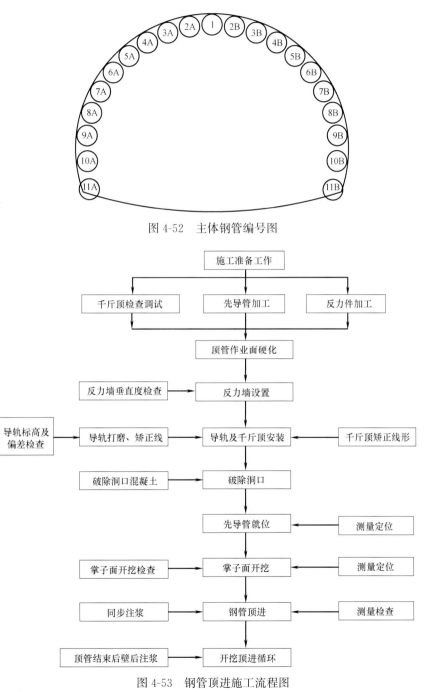

图 4-52 主体钢管编号图

图 4-53 钢管顶进施工流程图

4. 工程重点及措施

(1) 保证钢管顶进质量，确保施工顺利进行

新工法要求进行大量的钢管顶进，模筑衬砌支护法中的钢管顶进是新工法成败的关键，钢管顶进质量的保证是进行下步工作的保障，施工过程中要确保钢管顶进质量。

(2) 结构不渗不漏，达到防水设计要求

防水施工是一个复杂的系统工程，防水的效果是地铁工程施工质量的综合体现，直接影响着工程的耐久性和地铁运行安全。认真做好关键节点、变形缝、施工缝、穿墙管、区间与车站的接口、主体结构与附属结构的接口的防水和结构自防水，使整个结构达到不渗、不裂、不漏是本工程的重点。

(3) 施工中管线和地下构筑物保护

车站主体西侧有一条地下人防通道，黄河北大街路中有一根污水管，出入口暗挖通道顶部有煤气、电信、热力、给水、排水等多根管线。顶管施工过程中要严格按照"勤量测、短进尺顶进、严注浆"等要求施工，加强信息化施工，超前反馈，沉降和变形出现异常时要及时采取措施。

4.7.3 数值模拟分析

1. 计算模型

采用 FLAC 3D 有限元差分软件进行数值模拟。根据地铁车站的净空需求情况，车站结构高为 19m，水平直径为 26.8m，结构左右围岩分别取两倍直径长，即 53.6m，结构下部围岩取两倍结构高，即 38m，如图 4-54 所示。

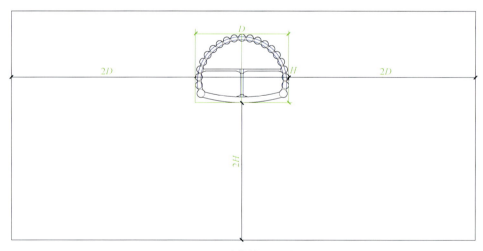

图 4-54 计算模型的范围

计算模型在 X 轴方向（车站横轴方向）的总长度为 134m，坐标为 (-67, 67)；在 Z 轴方向（竖直方向）的总长度为 62.83m，坐标为 (0, 62.83)；在 Y 轴方向（车站纵轴方向）的总长度为 100m，坐标为 (0, 100)。计算模型如图 4-55 所示。

根据车站工程特点，计算模型共划分为 10 个模块、83761 个单元、83856 个节点，如

图 4-55（b）所示。模型中土体采用摩尔-库伦模型，钢管、中板、中柱和底板均采用弹性模型。

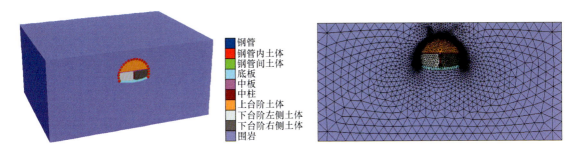

(a) 网格划分图一　　　　　　　　　(b) 网格划分图二

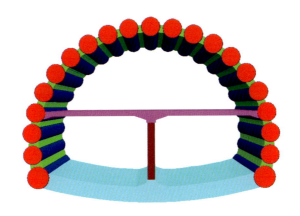

(c) 结构三维模型

图 4-55　计算模型

2. 数值计算结果分析

车站施工完成时围岩竖直向沉降变形云图如图 4-56 所示。计算结果显示，车站结构周边一定范围内的土层沉降变形将进一步增大，地表沉降凹槽也进一步加深。地表最大沉降出现在车站中轴线上方，最大沉降增大至 7.6mm，围岩最大沉降出现在车站拱顶，最大值为 8.5mm，如图 4-57 所示。

施工步序 2～4 完成后，车站结构受到的最大主应力和最小主应力分别如图 4-58 和图 4-59 所示。计算结果表明，车站结构受到的最大压应力增大至 102.5MPa，最大拉应力为 79.1MPa。

4.7.4　地表沉降监测结果分析

新乐遗址站于 2008 年 5 月 31 日开始降水井施工，8 月 28 日竖井开挖，顶进第一根横通道（风道）钢管共用时 15 天。

2009 年 6 月 27 日，开始进行车站主体结构施工。11 月 26 日，主体 1 号钢管正式开始顶进，1、2 号竖井同时顶进，1 号竖井顶进 84m，2 号竖井顶进 75m，12 月 21 日，1

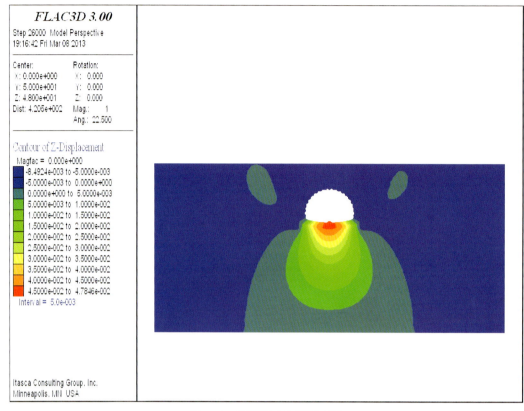

图 4-56　围岩竖直向沉降变形

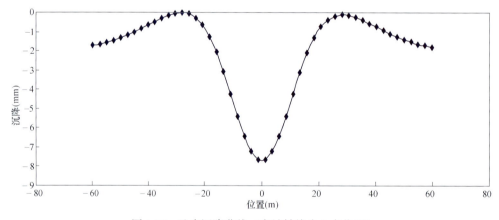

图 4-57　地表沉降曲线（车站轴线为 0 点位置）

号钢管实现对接。顶管技术熟练后，一根 159m 长的钢管从开始顶进到对接成功，仅需用时 5 天，钢管的线形良好，对接处偏差控制在 2cm 以内，几乎没有变形。

2010 年 6 月 19 日，完成车站主体最后一根钢管对接。8 月 2 日，盾构机由南向北沿左线开始通过车站。8 月 3 日，另一台盾构机沿右线开始通过。通过严格控制掘进参数、及时进行二次补浆等措施，至 8 月 18 日，盾构过站全部顺利完成。10 月 22 日车站主体管廊结构施工完成。2011 年 3 月 28 日，主体结构施工完成。

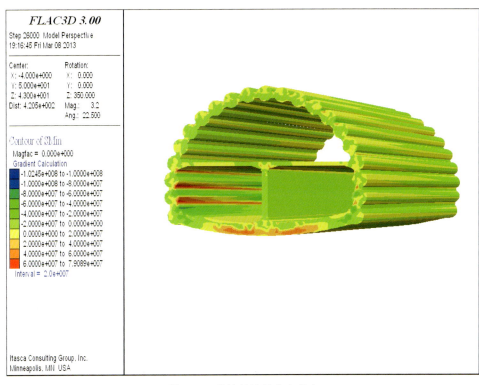

图 4-58 车站结构最大主应力

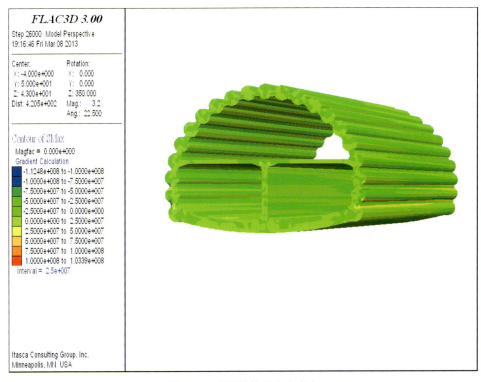

图 4-59 车站结构最小主应力

新乐遗址站地表沉降测点布置如图 4-60 所示，横断面上测点沉降历时曲线如图 4-61 所示，车站主体结构施工监测布置如图 4-62 所示，车站主体结构变形实测结果如图 4-63 所示。

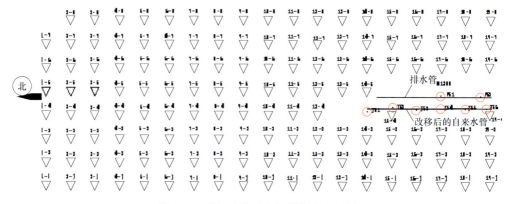

图 4-60　车站主体地表沉降测点布置图

图 4-61　横断面上测点沉降历时曲线

当前世界各国普遍将 30～50mm 作为地表沉降控制的标准。我国工程实践证明，将地表沉降控制在 30mm 以内可保证地面建筑物和道路的安全使用。模筑衬砌支护法施工期间，根据地质情况采取相应措施，将地表沉降控制在 30mm 之内是完全可能的。

新乐遗址站施工期间，对地表沉降及车站结构的位移和变形均进行了严格监测。监测结果表明，采用模筑衬砌支护法施工，对周边建筑物及地下管线几乎没有影响。

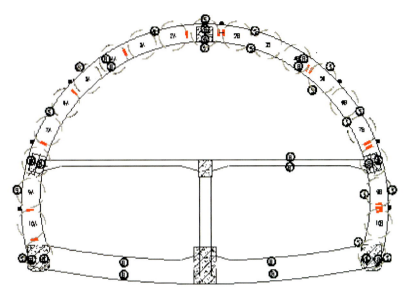

图 4-62 车站主体结构施工监测布置图

车站主体施工时,盾构过站引起的地表沉降较大,车站主体结构由于底板结构没有封闭,土方大开挖引起的地表沉降较大,土方开挖后结构施工引起的地表沉降很小,故采用该工法施工对地层的沉降控制非常有效,对于大跨地铁车站施工,如果结构采用封闭式结构,地表沉降有望控制在 20mm 以内。

根据施工监测数据分析,车站主体施工各工序引起的地表沉降之间的百分比为:

顶管施工:钢管切割支护(含盾构过站):土方开挖:剩余结构施工=25:45:20:10。

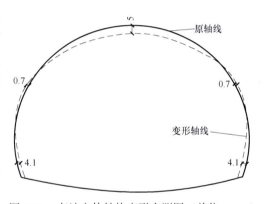

图 4-63 车站主体结构变形实测图(单位:mm)

4.7.5 工程特点

1. 采用新工法施工,技术难度大

新乐遗址站采用模筑衬砌支护法进行施工,在国内地铁界尚属首次,在新工法引用的过程中难免遇到一些施工技术问题,施工技术难度大。

沈阳地铁 2 号线新乐遗址站为我国第一个使用模筑衬砌支护法施工的工程。沈阳地铁 2 号线新乐遗址站工程的竣工,填补了我国在这一领域的空白,积累了宝贵的设计施工经验,对今后在软弱地基、富水砂质地区、地表沉降要求苛刻及复杂构筑环境下的地下结构施工有着极其重要的意义。

2. 工程量大,工期紧

考虑 2 标的整体筹划,为满足业主要求,加快施工进度,盾构需要提前从新乐遗址站通过,盾构从 3 标推进至新乐遗址站 2 号风道,经检修后到达 1 号风道,然后再推进至陵西车站,左右线两台不同步,工期压力相当大,对相关施工的配合默契度要求高。盾构从新乐站通过时,新乐遗址站主体结构钢管顶进完毕,正在进行主体管廊内结构施工。

3. 场地狭窄,平面布置困难

新乐遗址站采用模筑衬砌支护法施工,实质上是一种暗挖工法,施工场地较小,施工作业面平面布置较困难。

4.8 新管幕法建造沈阳地铁10号线东北大马路站

4.8.1 工程概况

1. 车站周边环境

沈阳市地铁10号线东北大马路站位于东北大马路与北海街十字路口,车站跨东北大马路设置,为10号线与远期7号线的换乘车站。车站中部跨东北大马路段有改移困难的军用电缆隧道及110kV供电管廊,因此,车站中部跨路段需采用暗挖法。图4-64所示为东北大马路站暗挖段平面图。

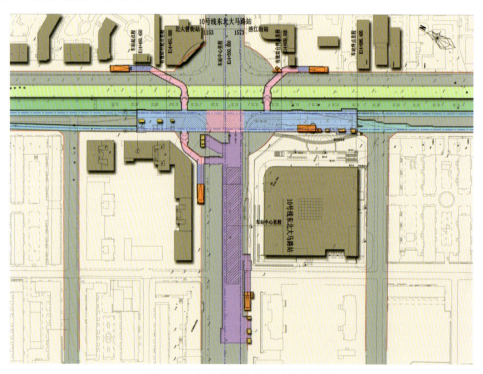

图4-64 东北大马路站暗挖段平面图

车站东侧北海街路中为现状高架桥及新建高架桥,十字路口东北角为东方俪城住宅小区,东南角为市骨科医院3~15层楼房,西北角为23~24层东海明珠新建住宅小区,西南角为乐购超市。北海街西侧乐购超市地面部分建筑退红线较多(约20m),但三层地下室仅退红线6m左右;路口东北角东方俪城住宅小区7层楼房边缘距离北海街高架桥桩基础净距25.8m;东海明珠新建住宅小区退后道路红线约10m。东北大马路站暗挖段位于东北大马路与北海街交叉口。

2. 车站概况

东北大马路站为双层三跨矩形钢筋混凝土框架结构岛式站台车站，有效站台宽度 13m，车站标准段宽度 21.7m，最大宽度 25.7m（盾构加宽段），有效站台长度 118m，车站主体结构总长 225.95m。结构顶板覆土厚度约为 4.0~4.2m，底板埋深约 18.05m，局部埋深约 19.75m。车站两端采用盖挖法、中间采用新型暗挖法（STS 工法）施工，盖挖支护结构采用钻孔灌注桩＋内支撑＋军用梁铺盖体系，新暗挖工法为平顶直墙结构，先完成由相互连为一体的钢管形成的初期支护，然后开挖土体并完成二次衬砌，采用基坑外降水方案。车站暗挖长度 43.1m，主体结构横断面图如图 4-65 所示。

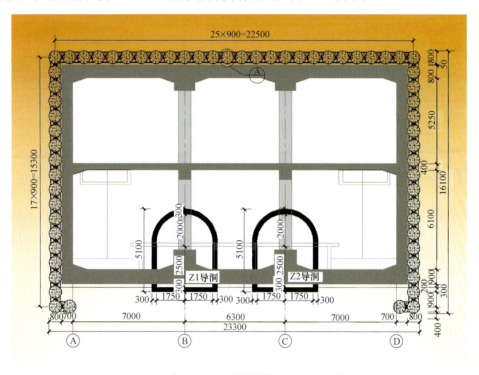

图 4-65 东北大马路站主体结构横断面图（单位：mm）

3. 水文地质条件

沈阳市的第四纪地层相对较厚，其下基岩为前震旦系花岗片麻岩。在勘探深度范围内，本场地地基土主要由第四系全新统和更新统黏性土、砂类土及碎石类土组成。地层结构由第四系全新统人工填筑层、第四系全新统浑河高漫滩及古河道冲积层、第四系全新统浑河新扇冲洪积层、第四系上更新统浑河老扇冲洪积层、第四系下更新统冰水沉积相地层组成。东北大马路站地质剖面如图 4-66 所示。

地下水主要赋存于全新统浑河高漫滩及古河道冲积砾砂层和中、粗砂层中。局部地段存在由第四系浑河新扇冲洪积粉质黏土为隔水层形成的承压水。稳定水位埋深在 5.20~14.90m，相当于绝对标高 31.10~35.24m。

4.8.2 工程设计与施工步序

1. 施工工法的选择

东北大马路站为双层三跨矩形钢筋混凝土框架结构岛式站台车站，车站北端基坑采用

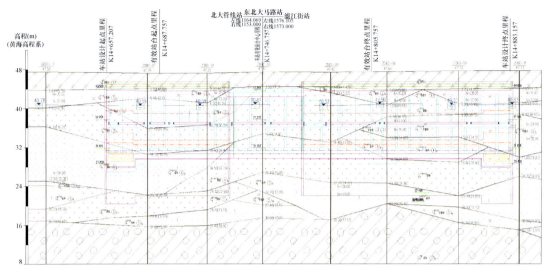

图 4-66　东北大马路站地质剖面图

半盖挖法施工，南端基坑采用明挖法施工，中间过东北大马路段采用暗挖法施工。

暗挖结构所处地层主要为中粗砂、砾砂、圆砾，地下水位埋深约 6.6m。

中部采用暗挖法施工的原因如下：

（1）东北大马路交通流量大、地下管线多，因此车站跨东北大马路段推荐采用暗挖法。

（2）本站为换乘车站，如果采用端厅会极大影响车站的使用功能，同时对远期车站的换乘形式也会产生较大影响，因此本站不适宜采用端厅形式。

（3）远期车站无上跨本站条件，如果加大埋深会增加总体投资并降低使用功能。

工法选择考虑的因素如下：

（1）功能要求。

（2）周边环境对变形的要求。

（3）工程投资及风险的综合比较。

在此种条件下，由于跨东北大马路段车站覆土仅 4m，如果采用传统暗挖工法进行平顶暗挖结构施工，风险极高，在此种条件下，车站中部考虑采用新工法施工。

2．施工步序

施工步序流程如图 4-67 所示。

（1）第一阶段

在地下工程外侧的工作坑内沿地下工程结构的顶部及两侧边外围纵向顶进若干均匀排列、相互咬合且外围焊接翼板的钢管，相邻钢管之间的翼板使相邻钢管之间的空间实现封闭。

图 4-68 所示为本工法中相互咬合的钢管的截面图。本工法中钢管 1 的左右两侧分别焊接有两块翼板 11，两块翼板 11 关于钢管横向轴线对称且两者之间的距离小于钢管的直径，左右两侧的翼板 11 关于钢管纵向轴线对称。

同时，钢管 1 的一侧、两块翼板 11 之间还焊接有槽钢 12、另一侧的两块翼板 11 之间还焊接有"T"形咬合件 13。槽钢 12 底部中间开有缺口，"T"形咬合件 13 的上端宽

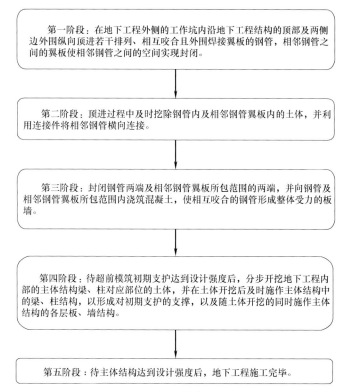

图 4-67 施工步序流程图

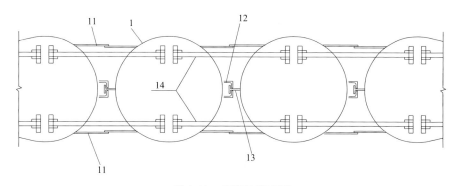

图 4-68 钢管的截面图

度大于槽钢 12 的缺口的宽度。

当一根钢管 1 顶进后,另一根钢管的"T"形咬合件 13 通过已顶进钢管的槽钢 12 的缺口穿入槽钢 12 内后顶进,从而实现相邻钢管之间的咬合。相邻钢管之间的翼板 11 相互搭接,从而使相邻钢管之间的空间封闭。

本工法中,钢管 1 采用顶进法施工,钢管 1 顶进施工时要控制好方向,不得偏转。本工法中相邻钢管 1 之间平行顶进且间距相等,其间距由施工要求确定。本工法拟使用的钢管直径为 0.8~1.0m。

(2) 第二阶段

顶进过程中及时挖除钢管内及相邻钢管翼板 11 所包范围内的土体,并利用连接件将相邻钢管横向连接。

本工法中的每个钢管1上均开有若干预留孔。利用连接件14将相邻钢管横向连接，具体为：在一根钢管内将连接件14由该钢管的预留孔穿出，再穿入相邻钢管的预留孔，并在连接件的两端安装加强螺栓，从而将相邻的两根钢管连接。本工法实施中，连接件14为短钢筋或锚栓。

（3）第三阶段

封闭钢管两端及相邻钢管翼板11所包范围的两端，并向钢管及相邻钢管翼板11所包范围内浇筑混凝土，使相互咬合的钢管形成整体受力的板墙，即形成超前模筑初期支护。

相邻钢管1依次连接后，利用封堵板封闭钢管及相邻钢管翼板11所包范围的两端。待钢管及相邻钢管翼板11所包范围封闭后，在一端插入混凝土浇灌管，另一端插入排气管，并由浇灌管向钢管及相邻钢管翼板11所包范围内浇灌混凝土，使独立的钢管形成整体受力的板墙，即超前模筑初期支护。

（4）第四阶段

待超前模筑初期支护达到设计强度后，分步开挖地下工程内部的主体结构梁、柱对应部位的土体，并在土体开挖后及时施作主体结构中的梁、柱结构，以形成对初期支护的支撑，以及随土体开挖的同时施作主体结构的各层板、墙结构，完成地下工程暗挖施工。具体包括如下步骤：

1）第一步

在主体结构的一根底纵梁对应的部位纵向开挖第一下导洞2，之后在底纵梁上部且与所述底梁对应的顶纵梁部位纵向开挖第一小基坑3，以及在第一下导洞2和第一小基坑3之间开挖第一下导洞2上方中柱处的第一孔洞。在所述开挖的第一下导洞2内施作底纵梁下防水板4和底纵梁5，在第一孔洞内施作第一立柱6，以及在所述第一小基坑3内施作顶纵梁顶防水板及顶纵梁7。图4-69所示为底纵梁、第一立柱、顶纵梁施工完成后结构示意图。

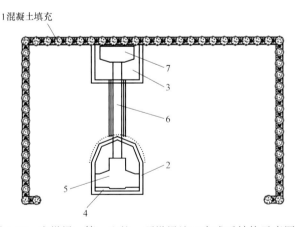

图4-69 底纵梁、第一立柱、顶纵梁施工完成后结构示意图

待主体结构中的一根底纵梁、第一立柱6、顶纵梁7施工完成后，按同样顺序施作一组或多组梁、柱结构。

本工法中的主体结构包括两组梁、柱结构。其中，另一组梁、柱结构通过开挖第二下导洞、第二小基坑及第二下导洞上方中柱处的第二孔洞以分别施作底纵梁、顶纵梁7和第二立柱。

本工法实施中，第一下导洞2和第二下导洞利用台阶法纵向分段开挖，且开挖后的第一下导洞2和第二下导洞通过格栅和喷射混凝土进行初期支护。优选后，第一下导洞2和第二下导洞的初期支护格栅上预留节点板，便于后续导洞间封底格栅连接。

第一小基坑和第二小基坑的侧墙及底板采用格栅和喷射混凝土进行初期支护，且格栅顶部与超前模筑初期支护的钢管焊接。

进一步地，挖除第一小基坑3和第二小基坑之间的土体，并在第一小基坑3的顶纵梁7和第二小基坑内的顶纵梁7之间灌注钢筋混凝土，使两个顶纵梁7连接以形成中跨顶板8。图4-70所示为中跨顶板施工完毕后的结构示意图。

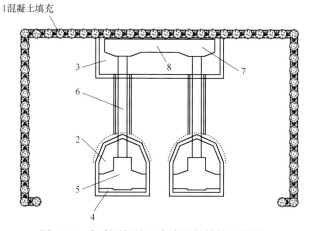

图4-70　中跨顶板施工完毕后的结构示意图

2）第二步

纵向分段开挖站厅层中板以上土体，并施作中纵梁9、中板10的钢筋混凝土结构。

3）第三步

待中纵梁9、中板10达到设计强度的80%后，开挖中跨土体至地下工程底部，施作中跨底板防水层及浇筑中跨底板混凝土11。图4-71所示为中跨底板施工完毕后的结构示意图。

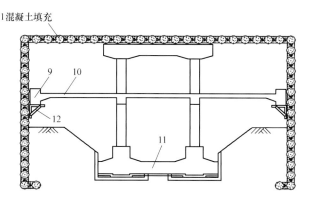

图4-71　中跨底板施工完毕后的结构示意图

在所述开挖中跨土体至所述地下工程底部过程中，在挖除一部分中跨土体后，在中板下方架设用于支撑中板的临时牛腿支撑12，以提高施工的安全性。其中，临时牛腿支撑固定于超前模筑初期支护的钢管上。

4）第四步

待中跨底板混凝土达到设计强度80%后，纵向分段开挖边跨土体至地下工程底部，且每段边跨土体的长度不大于边跨跨度，待边跨土体开挖至地下工程底部后施作边跨底板防水层及浇筑边跨底板混凝土。

每段边跨底板混凝土的设计强度达到80%后，即可开挖下一段边跨土体并施作边跨底板防水层及浇筑边跨底板混凝土13。图4-72所示为边跨底板混凝土浇筑完毕后的结构示意图。

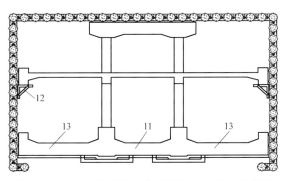

图4-72 边跨底板混凝土浇筑完毕后的结构示意图

（5）第五阶段

待主体结构达到设计强度后，地下工程施工完毕。

由上述方案可知，本工法中的施工方法在土体开挖之前，首先进行超前模筑初期支护。超前模筑初期支护为在相互咬合的钢管内及钢管之间的缝隙灌注混凝土形成的整体受力的板墙。由于本工法中的超前模筑初期支护对整个暗挖施工工作面进行支撑，对土体本身强度无要求且开挖过程对地面影响小，即使处于埋深浅、跨度大、地下水位高等恶劣条件的软弱地层中，采用本工法的暗挖施工方法依然能够顺利施工并很好地控制地面沉降。因此本工法具有地面沉降小、施工过程安全度高、机械化程度高的优点。

4.8.3 周边环境影响预测

1. 数值计算模型

采用FLAC 3D软件建立三维"地层-结构"模型。模型分析范围为：水平方向－50m～＋50m，纵向取1个柱间距9.75m，重力方向43m，共计33856个单元、39303个节点。模型上部为自由表面，施加20kPa法向压力模拟地表超载，侧面和底面为法向位移约束边界。计算时按自重应力场考虑。土层模型从上至下共计划分为4层，三维数值模型如图4-73所示，土层分布及网格划分如图4-74所示。喷射混凝土采用壳单元模拟，立柱采用梁单元模拟，其他部分均采用实体单元模拟。岩土体、注浆区域本构模型采用摩尔-库伦模型，混凝土结构本构模型采用弹性模型。

2. 计算模拟步骤

计算模拟步骤分为以下几步：

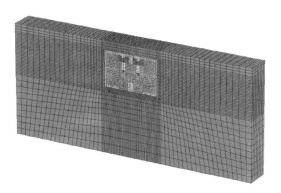

图 4-73　三维数值模型

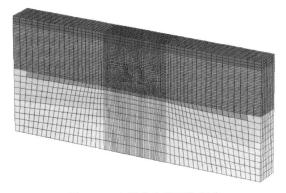

图 4-74　土层分布及网格划分

第一步：地应力平衡计算。

第二步：施作管幕。

第三步：在管幕的支撑下开挖车站范围内右侧下方导洞，洞壁采用格栅+25cm厚喷射混凝土支护。

第四步：开挖右侧上方导洞，洞壁采用格栅+25cm厚喷射混凝土支护。

第五步：开挖右侧竖向导洞，洞壁采用格栅+25cm厚喷射混凝土支护。并施工底纵梁及部分底板、顶纵梁、钢管柱。

第六～八步：在车站范围左侧重复第三～五步工序，开挖左侧上下导洞，在开挖前对与其相邻右侧导洞之间土体进行注浆加固处理。施工右侧导洞内底纵梁及部分底板、顶纵梁、钢管柱。

第九步：开挖站厅层中板底以上土体，施作车站结构边跨处站厅层侧墙，施工中纵梁、中板及站厅层侧墙钢筋混凝土结构。

第十步：开挖至底板底，施作封底结构并拆除导洞部分结构，浇筑底板。

3. 计算结果分析

右侧导洞施工完毕后，隧道周边岩土体产生一定的沉降变形，管幕结构顶部最大沉降 3.05mm，地表最大沉降 2.35mm。沉降云图如图 4-75 所示。

左侧导洞施工完毕后，管幕结构顶部最大沉降 4.35mm，地表最大沉降 4.07mm。沉降云图如图 4-76 所示。

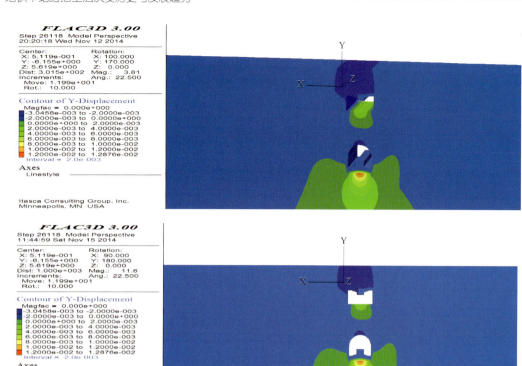

图 4-75 右侧导洞施工完毕后围岩沉降云图

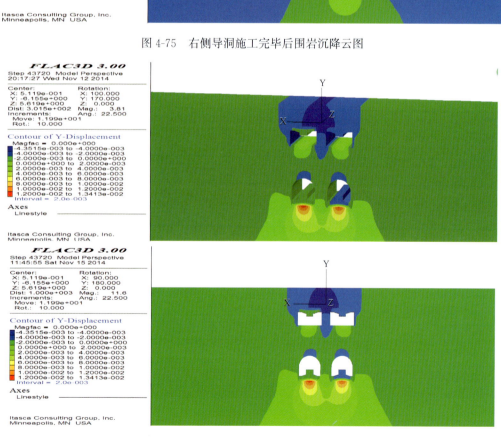

图 4-76 左侧导洞施工完毕后围岩沉降云图

站厅层中板底以上土体开挖完毕后，管幕结构顶部最大沉降 8.63mm，地表最大沉降 7.89mm。沉降云图如图 4-77 所示。

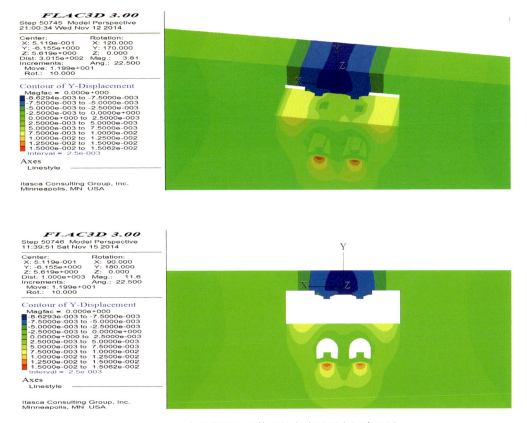

图 4-77　中板底以上土体开挖完毕后围岩沉降云图

开挖至底板底后，管幕结构顶部最大沉降 10.69mm，地表最大沉降 10.23mm。沉降云图如图 4-78 所示。

计算模拟步骤五、八、九、十完成后的地表沉降曲线如图 4-79 所示。

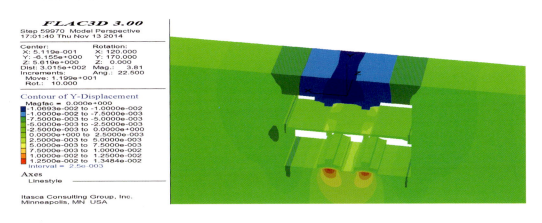

图 4-78　开挖至底板底后围岩沉降云图（一）

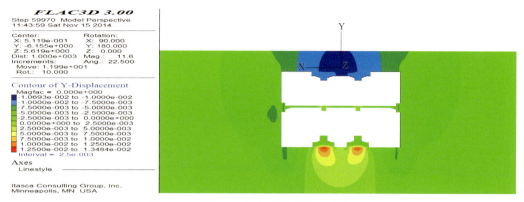

图 4-78 开挖至底板底后围岩沉降云图（二）

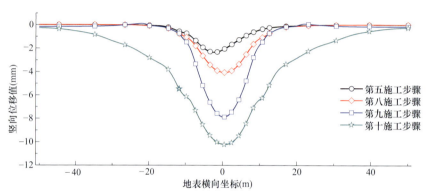

图 4-79 第五、八、九、十施工步骤完成后的地表沉降曲线

4.8.4 工程监控量测

本工程监测点布设以主要影响区为主，适当兼顾次要影响区，具体监测范围为结构中线两侧 38m 范围内；现场巡视以主要影响区及次要影响区为主。具体监测项目见表 4-5。

东北大马路站监测项目表 表 4-5

序号	项目	监测项目	方法及工具	点位布置
1	必测项目	地层及支护情况观察	现场观察及地质描述	随时进行
2		基坑周围地表沉降	精密水准仪	见监控量测图
3		初期支护结构拱顶沉降	精密水准仪	每 10m 一个断面
4		初期支护结构净空收敛	收敛仪	每 10m 一个断面
5		地下水位	水位管、水位仪	见监测平面布置图
6		地下管线沉降	精密水准仪	间隔 5m 布置测点
7		北海街新建及既有高架桥沉降、倾斜	水准仪、全站仪	测点布置范围：基坑范围内及两侧各延伸 1 跨；测点布置：每个桥墩处布置 1 个沉降测点、2 个位移测点
8	选测项目	初期支护应力	应变计	横向每 4 根顶管布设一处，每断面布设 6 组监测点，纵向两端头布设 1 处，中间布设 1 处

在进行监测数据分析时,首先根据监控量测数据绘制时间-位移散点图和距离-位移散点图,然后根据散点图的数据分布状况,选择合适的函数进行回归分析,对最大值(最终值)进行预测,并与控制基准值进行比较,结合施工工况综合分析围岩和支护结构的工作状态。如果位移曲线正常,说明围岩处于稳定状态,支护系统是有效、可靠的,如果位移出现反常的急骤增长现象(出现了反弯点),表明围岩和支护已呈不稳定状态,应立即采取相应的工程措施。

4.8.5 工程特点

(1) 本工法是结合韩国 STS (steel tube slab) 工法及国内的 PBA 工法、盖挖逆筑工法的特点而创造的全新工法,与韩国 STS 工法及传统工法相比,优化后方法施工更安全,沉降控制更可靠,对地层适应更广泛。

(2) 通过理论研究及结合沈阳地铁 10 号线工程实例的监测及研究,总结并提出一套完整的"超前模筑初期支护法"的原理、计算方法、设计方法、施工工艺体系,为我国的暗挖工法开拓了一个新的方向,为该工法今后在国内的推广应用提供了有力的支撑。

(3) 针对传统的浅埋暗挖法存在大跨度结构覆土深、工程造价偏高、施工速度慢、施工工艺受施工队伍技术水平限制等缺点,本研究首次提出新管幕结合洞桩工法这一地铁暗挖车站修建方法,可实现城市复杂环境下修建超浅埋暗挖地铁车站。

第5章

暗挖法发展趋势

5.1 概述

　　我国城市地下空间建设始于20世纪50年代，主要为备战备荒的防空地下室，较欧美、日本等发达国家起步晚，但进入21世纪以来，中国以地铁为主导的地下轨道交通、以综合管廊为主导的地下市政等快速崛起，城市地下空间开发利用呈现规模发展态势，地下工程日趋繁荣。改革开放以来，中国经济持续高速增长，国家基础设施建设加大，尤其是进入21世纪以来，城市地下空间的规划、开发已如日中天。"十三五"期间，全国地下空间开发直接投资总规模约8万亿人民币，为推动中国经济有效增长，推进供给侧结构性改革提供重要的产业支撑，中国已然成为领军世界的地下空间大国。暗挖法诞生至今，已在国民经济建设中得到了广泛应用。作为一种应用灵活、适合国情、能够有效解决就业、满足环境保护需要的先进施工技术，其在中国得到了长足的发展，积累了大量成熟的工法、专利与核心技术。但是随着时代的发展，传统暗挖法也面临着越来越多的挑战。

　　(1) 机械化、自动化应用程度不高。如多应用于软土或软岩地层的浅埋暗挖法，开挖一般采用CRD、CD、双侧壁、中洞法等分步开挖工法，常规的大型机械设备难以派上用场。劳动力投入较多，作业环境相对较差，劳动强度较大。

　　(2) 对专业技能、专业管理水平要求高。暗挖法一般设计在环境敏感、复杂，没有明挖施工条件的地段。周边的管线、地表的建筑物相对密集繁杂，环境风险突出。这就要求从业人员必须具有较高的管理水平，操作人员具有较高的专业技能。

　　(3) 中国社会快速老龄化。自2000年起中国社会已进入了老龄化阶段，2020年第7次人口普查结果显示，全社会的非劳动人口约5.1亿人，占人口总量（14.1亿人）的36%。中国正在加速进入老龄化社会，即将结束人口红利期，这直接导致了暗挖法人工成本的增加。

　　(4) 全民素质明显提高。从全民受教育程度来看，相比较2010年第6次全国人口普查结果，全国文盲率由4.08%下降为2.67%，文盲人口减少2084万。每10万人中拥有大学文化程度的由8930人上升为15467人；拥有高中文化程度的由14032人上升为15088人；拥有初中文化程度的由38788人下降为34507人；拥有小学文化程度的由26779人下降为24767人。新一代产业工人对工作环境要求越来越高。随着国民经济的高速发展，我国广大劳动者人均财富较10年前有了明显增长，全民物质生活水平显著提升，劳动者对工作环境与工作条件的要求也越来越高。10年前手拿肩扛、沾泥带水的隧道作业越来越难以被新一代农民工所接受。

传统工法的市场份额下降、影响力弱化，传统工法的生命力遭到质疑。以城市地铁为例，自 20 世纪 90 年代引进盾构制造及施工技术以来，盾构工法已逐渐普及，其造价水平逐步回落并接近暗挖工法，而暗挖法的成本却在逐渐增加，故中、大断面的盾构及顶管工法市场份额呈快速上升趋势，而传统浅埋暗挖法的市场份额呈减少趋势。如今各城市地铁区间隧道盾构工法所占比例已远远超过传统浅埋暗挖工法。市场份额下降导致工法影响力弱化，年轻的隧道工程师对传统浅埋暗挖工法的认知程度远不及其他工法。个别传统浅埋暗挖隧道的安全事故成为少数从业人员怀疑和否定浅埋暗挖法的"铁证"，甚至开始质疑浅埋暗挖工法的时效性。

面对劳动力的减少、工业技术的进步以及市场压力，21 世纪暗挖工法必须有所发展和进步，方能避免被遗忘、被边缘甚至被淘汰。

《中华人民共和国国民经济和社会发展第十四个五年规划和 2035 年远景目标纲要》指出：建设现代化基础设施体系，统筹推进传统基础设施和新型基础设施建设，打造系统完备、高效实用、智能绿色、安全可靠的现代化基础设施体系。新时代下，新一轮科技革命和产业变革深入发展，暗挖法同样面临着挑战与机遇并存的发展趋势。目前暗挖工法的发展趋势包括：机械化、绿色化和智能化。

5.2 复杂地层条件下的暗挖工法

5.2.1 软土地层

在我国，软土分布广泛，大多分布在沿海地区，如渤海湾、天津塘沽、长江三角洲、珠江三角洲及福建省的沿海地区，此外，在内陆平原和山区也有分布。软土具有孔隙比大、天然含水量高、压缩性高、强度低的特性。鉴于软土的这些力学性质，在软土中修建地下工程就显得较为复杂，尤其是对于浅埋暗挖隧道的修建，由于软土基本不具有自稳能力，扰动后会产生很大的变形，给此类工程的修建带来很大麻烦。因此，在软土地层条件下修建浅埋暗挖隧道，关键在于控制地层变形和保证掌子面稳定。

在软土地层中进行暗挖法施工时，应遵循"管超前、严注浆、短进尺、强支护、快封闭、勤量测"这十八字方针。

1. 预加固

在穿越软土地层时，由于围岩的自稳时间短，为了确保工程施工安全，加快施工进度，需要在隧道开挖前，对工作面前方及周围围岩采取特殊的加固方法，即地层预加固。地层预加固的实施，可以使隧道开挖工作面保持稳定，减小地表沉降，给安全施工创造条件，同时将施工对周围环境的影响降到最低。地层预加固是在隧道开挖前实施的，实施时，应根据不同的工程地质条件、水文地质条件、隧道埋置深度、隧道断面尺寸、施工机具设备、施工技术水平、工期造价等一系列综合因素，选择适当的预加固技术。目前，常用的预加固措施有深孔注浆预加固、超前锚杆加固、超前小导管加固、管棚超前加固、水平旋喷法超前加固、冻结法加固等。

(1) 注浆预加固：注浆预加固是隧道预加固应用最广、最基本的手段。注浆加固的作用机理主要有渗透注浆、压密注浆、劈裂注浆、高压喷灌注浆四种，常见的注浆材料包括水泥-水玻璃双液浆、超细水泥浆、普通水泥浆液和改性水玻璃浆等。

(2) 超前小导管注浆：来源于新奥法地下洞室施工，其前身是超前锚杆。小导管直径为 32～60mm 的钢花管，长短不等，多在 3～6m 之间，同时配合注浆使用。布置范围在隧道轮廓线以外，配合钢架使用，后端与钢拱架形成整体以提高整体刚度。注浆范围和小导管间距合适的情况下会形成一定厚度的注浆加固区，加固围岩的同时可承担上覆荷载。

(3) 管棚预加固：管棚预加固是在开挖前，通过钻机将钢花管以一定角度打入地层中，通过注浆来提高加固区围岩性质和围岩自稳能力，进而来达到加固效果。管棚预加固对洞口及浅埋段以及对地表变形要求严格的地段使用较多，管棚直径一般比较大（直径在 79～600mm），长度一般较长，常用的一般为 10～40m 不等，刚度较大，多用于软弱破碎地层。管喷预加固对地表沉降控制效果较好，因而在浅埋和对地表沉降有严格要求的地段使用较多。

(4) 水平旋喷桩注浆预加固：水平旋喷桩注浆预加固是通过注浆管将注浆浆液打入围岩后，利用高压浆液冲击软弱围岩，在边注浆边拔出注浆的过程中，使得围岩与注浆浆液搅拌在一起，形成围岩-注浆浆液胶结体，达到提高围岩物理力学性能的目的，同时也提高了围岩的防渗能力和自稳能力，达到预加固围岩的目的。水平旋喷桩注浆预加固一般在全风化岩、碎石土、人工填土、粉砂土等地层中使用效果较好，不适用于富水土层和地下水丰富地段。

2. 隧道施工技术要点

(1) 设计施工一体化：在软土地层进行暗挖隧道施工时，必须将设计、施工看作是一个系统工程。隧道设计分为预设计和修正设计两类。预设计是通过施工前的地质调查，按照标准设计进行的设计，正确与否或与实际的符合程度，需要通过施工进行检验。修正设计是通过施工中的调查和观察，包括量测的验证等，对预设计进行修正的设计。

(2) 合理选择开挖方法、开挖参数：根据隧道围岩条件、施工安全要求，做好技术经济性分析，合理确定施工方法；根据围岩应力调整的特征及其变形规律，合理选择开挖分部和开挖进尺，如导洞的洞形、台阶的数量、高度、长度等。

5.2.2 富水地层

地铁车站施工大多采用暗挖降水施工，据统计目前北京市因地铁建设造成了大量地下水资源的浪费。2017 年 12 月，北京市人民政府印发了《北京市水资源税改革试点实施办法》，办法中指出：工程建设过程中破坏地下水层、发生地下涌水、抽水的活动应征收水资源税。对于大型地下车站施工项目而言，水资源税费不容小觑。因此鉴于北京市政府的政策导向及地铁施工中面临的不宜大量降水的施工需求，结合地铁工程施工断面小、作业空间有限的特点，研究并提出地铁暗挖施工止水关键技术及方案势在必行。考虑到北京市富水砂卵石地层分布区域广、止水难度大，同时尚应保证工程的实施风险、经济性、实施难度、实施进度等，急需进行富水砂卵石地层止水修建暗挖地铁车站及区间综合技术研究。关于富水砂卵石地层的暗挖施工，可以从两方面进行考虑：一是采取有效的突涌水预测预报手段；二是采取相应的处治措施。

1. 突涌水预测预报手段

在暗挖隧道施工中，对掌子面一般采用超前探测的方式，结合地质判释，确定可能对隧道施工、运营构成危害的充水岩溶管道、洞穴的位置、规模等，即可对可能产生岩溶水害的空间位置做出预测预报。超前探测可以分为有损检测和无损检测。

(1) 有损检测

有损检测主要包括了超前导洞和超前钻孔这两种方式。

超前导洞适用性强、操作简单，能够较为代表性地揭示正洞前方的地质情况，在暗挖隧道中应用较为广泛。但超前导洞开挖断面较大、施工耗时长、造价较高。当实际工程中存在多条并行隧道时，人们一般选择错开隧道施工时间，将其中一条作为超前探洞，这种做法不仅有效节省了整个工程的造价，而且达到了超前地质探测的目的。

超前钻孔是采用钻孔设备向掌子面前方钻探成孔，直接揭露前方地质体性质，主要包括揭示掌子面前方岩体性质、构造、岩溶、不良水体、裂隙面等，在工程应用过程中取得了良好的效果，但与超前导洞相比，超前钻孔在复杂地质条件下预报效果不佳，对小断层和贯穿性大节理不敏感，钻孔之间的地质情况也无法获取，其探测断面较小，可能漏报一些不良地质体。

(2) 无损检测

无损检测主要有地震反射类、电磁波反射法、直流电法等形式。

地震反射类是基于地震波在非均匀地质体传播过程中遇到异常体时产生的反射、绕射、散射等特性来预测隧道掌子面前方及四周临近区域的地质状况。目前，实际工程中常用地震反射类超前探测主要包括瑞士研制的 TSP 预报、中国研制的 TGP 和 TST 预报、美国研制的 TRT 预报、陆地声呐法等。

地质雷达仪是利用电磁波反射法进行预报的代表性仪器，是目前分辨率最高的物探方法，在隧道超前地质预报中广泛使用。地质雷达仪具有两个天线，一个发射天线用于发射电磁波，不同的地层界面具有不同的相对介电常数，电磁波在遇到地层界面时一部分会进行反射，而另一部分会经折射后继续传播。电磁波经过不同界面后会有不同程度的能量衰减，直到能量被完全吸收。而接收天线则用于接收地层反射回来的电磁波。通过分析电磁波从发射到被接收的时间、反射波的频率等信息来确定地质情况。

直流电法又称为电阻率法。该探测技术是使用独立的 1 个或 2~3 个单极-多极排列装置进行数据采集，利用人工作图法确定异常地质构造具体位置，属于三维全空间地质探测。常规的直流电法主要有视电阻率法、激发极化法、自然电场法、充电法等。视电阻率法具有原理简单、操作便利、经济高效、对含水体较为敏感的优势，随着视电阻率法三维反演成像研究的深入，其在隧道超前探测方面的应用越来越广、探测精度越来越高。地质体中含水量影响激发极化衰减特性的发现及其相关关系的揭示使得含水体三维成像及定量估算含水体水量成为可能，为激发极化法在实际工程中的应用奠定了基础，极大丰富了超前地质预报的功能。

在已有超前地质探测技术不断完善的同时，一些新的思想也被应用到隧道超前地质探测技术中，一部分探测技术已经在实际工程中得到了应用，但仍未达到定量化、精确化探测的目的。超前地质探测是根据地质介质的电性、磁性、弹性等某一种物理性质的差异，采用相应的仪器探测物理场的变化，本身具有多解性，加之地质环境又复杂，在适用性方面存在一定的局限，采用单一的某种超前地质探测方法很难做到精确探测，采用多种超前地质探测方法综合探测时又会产生数据来源复杂、种类繁多、数量巨大的问题，如何快速、精确提取和分析有价值的超前探测信息至关重要。

随着电子信息技术的发展、大数据时代的来临，利用大数据分析技术进行大范围的时空相关性分析、模式识别，可有效避免因采用综合超前探测时分析能力不足而导致的灾害源误判。要做到精确探测需要结合实际工况融合多种超前地质探测方法，动态补探，充分吸收大数据强大的分析能力进行关联分析、模式识别，逐渐逼近"真解"，做到定量化、精确化探测，形成多方法多设备的综合超前地质探测技术体系。建立一系列实用性强、适应性广、可靠度高的综合超前地质探测技术及与之相对应的大数据分析方法是未来暗挖法隧道施工的发展趋势。

2. 处治措施

在修建暗挖隧道时，地下水源引发的突涌水问题一直是严重影响隧道设计、施工的关键所在。在预防控制突涌水灾害时，要考虑隧道施工与地下水源的相互影响，隧道施工过程发生突涌水，会引起地下水位的变动，破坏地下水体的初始平衡状态，造成周边地层下降、水质劣化等不利影响，同时隧道施工过程中出现的突涌水灾害会减缓施工进度、影响施工质量。

地下水是地下资源的重要组成部分，在隧道施工过程中控制处理地下水问题时，要辩证地对待地下水，不仅要考虑地下水的致灾性，而且要考虑其作为地下资源的可用性，对地下水的防控处理既要做到防止其致灾又要做到保护利用。由于地质条件、技术以及环境影响等因素，国内外在防控治理隧道突涌水的具体实施过程不尽相同，但其最终目的基本是一致的，就是既要确保隧道安全顺利施工及运营使用，又不能对周边环境产生严重的有害影响。

隧道突涌水处理对策主要有"堵水"和"排水"对策，实现高效治理突涌水灾害目的的关键便在于合理地看待"堵"和"排"的关系。目前，解决实际工程问题中采用的方法，基本上是以"排"为主，特殊极端情况下，采用"堵"和"排"相结合的方法。在现有技术条件下，隧道施工过程中遇到突涌水情况尚不能单一依靠"堵"的方式来实现治理，从技术和经济角度考虑，应提高和利用围岩的隔水性能，合理排放一定量的地下水，然后采用"堵"的方式来治理水害。

隧道工程实践中主要通过排水降压技术、注浆改造技术来分别实现突涌水治理过程中"排"和"堵"的目的。排水降压技术是指在隧道施工过程中遇到承压水体时，通过泄水洞或钻孔排水的方式将承压水排出，减小水体压力，降低隧道施工过程中发生突涌水灾害的风险；排水降压技术可分为重力排水、强制排水以及上述两种排水方式相结合的方法，重力排水主要通过布设排水钻孔、排水坑道实现，强制排水通过井点、管井来实现。排水降压技术主要用于具有有限补给能力的承压含水层，并且经过评估排水后对环境产生的影响在允许范围内，但需要注意的是排水降压技术一般避开雨季作业，避免地表水不断补给，采用多洞或多钻孔排水可起到排清堵浊的作用。

当地下水量大、水体补给路径广、地下水位下降对环境存在严重的有害影响时，需要应用"堵"的方式来治理突涌水灾害。突涌水灾害初期，进入到岩体隧道中水体基本来自岩体的节理、层理、剪切带、断裂带和其他裂隙，因此堵水一般采用注浆改造技术来实现，注浆改造技术主要通过注浆技术对隧道围岩或掌子面及其前方岩体进行注浆处理，以求达到降低岩体渗透性形成隔水层、充填节理裂隙封堵致灾路径、增强围岩强度加固围岩的目的。目前，针对富水破碎岩体，国内制备了一种环保、经济、高效的新型注浆材料（CGM），在工程应用中取得了良好的效果。

5.3 暗挖法机械化

为响应国家"机械化换人、自动化减人"的号召，围绕"安全、质量、环保、高效、经济"主题，将大家传统认识中地铁施工的劳动单一型施工向机械化施工转变，以缓解目前劳动力紧张和劳动力水平低下的问题。地下铁道工程机械化施工技术的研究方向多、任务重，是一个复杂的系统工程。

暗挖法由于其基本使用专用小型机具，主要以人工操作为主，早期非常适合中国国情，在国内应用较早也很广泛，以北京为例，目前国内大约55%的地铁施工采用暗挖法施工工艺完成，该工艺成熟度高，断面形式灵活多变，但由于施工空间狭小、工序复杂，普通工程机械根本无法满足施工要求，因此暗挖法施工机械化程度非常低。为了克服前述暗挖施工作业时的困难，以机械化手段代替传统的人工开挖的方式，目前已进行了暗挖机械化施工的研究和试验，例如北京地铁的暗挖隧道推广应用了一系列的暗挖机械施工设备和方法。

5.3.1 暗挖机械施工设备

1. 暗挖双臂台车

单独由专业设备制造厂商以矿山凿岩机为基础研制的暗挖双臂台车，用于车站小导洞开挖，该设备是一种多功能操作臂及地下隧道挖掘设备，能完全替代人工完成暗挖法施工中的各项关键工序，同时具有转弯灵活及转弯半径极小的优点，充分适用于地下狭小的巷道作业空间（图5-1）。该设备能在有限地下空间代替人工进行挖土、开槽、支护、出渣、湿喷一条龙作业；能有效改善施工作业环境；降低暗挖施工对劳动力的依赖程度；有效避免安全质量事故的发生。

图 5-1 暗挖双臂台车

2. 全液压履带式洞桩钻机

全液压履带式洞桩钻机解决了施工过程中经常出现塌孔、堵管和钻机施工功率与工况不匹配的问题，适用于小导洞内边桩和中桩成孔。第四代钻机是在第三代的基础上进行研制的，主管径由 319mm 增大到 304.8mm，液压系统动力主泵由 45kW 增大至 160kW，从而加大了大粒径卵石的抽排力度，增加了扭矩，提高了工效（图 5-2）。

3. 桩柱一体化多功能套管调垂设备

该设备实现了洞内大直径钻孔桩与钢管柱一体化施工，是适用于洞桩法（PBA 工法）的专用施工设备，能用作洞内的大直径循环钻机和进行钢筋笼安装、桩内混凝土浇筑、固定钢管柱等工作的钢管柱安装一体机（图 5-3）。该设备的应用，避免了洞内人工挖孔的高风险作业，可以取消下层导洞，优化了车站的整个开挖方式，缩短了降水的周期。中柱采用钢筋笼和钢管柱及水下混凝土浇筑一体化快速施工，取代钢护筒人工定位器等工序，降低了人工安全风险，提高了施工效率。

图 5-2　全液压履带式洞桩钻机　　　　图 5-3　桩柱一体化多功能套管调垂设备

4. 悬臂式隧道掘进机

悬臂式隧道掘进机是适用于岩层的集切割、装运、行走、喷雾、灭尘为一体的隧道联合掘进设备（图 5-4）。其通过机器前端切割机构的上、下、左、右摆动及切割头旋转破岩，可实现不同形状的断面掘进，掘进落下的物料，经由铲板装至第一运输机，由第一运输机运送至机器后方出渣；除支护台车外，也可通过在切割臂上设置的支护平台及托梁器直接进行钢架支护，立完钢架后进行喷锚支护，可配套使用湿喷机和机械手成套化施工。其功能可以完全替代钻爆法施工暗挖隧道，全面提升施工安全，对安保要求高的地区有不可替代的作用。

5. 双轮铣槽机

双轮铣槽机设备是一种先进的地下连续墙成槽设备，不仅适应性强，在硬岩地层中施工进度远远大于传统施工工艺，且施工精度高（图 5-5）。双轮铣槽机施工是采用两个铣轮连续切削下部泥土或岩石，将其破碎成小块，与槽中的浆液混合后，由安装在铣头中的泥浆泵将这些含有碎块的泥浆从槽内泵进泥浆净化机中，通过该净化机中的一个振动系统，将泥浆与碎块进行分离，铣削工具装在钻机的底部进行施工并利用泥浆反循环的方法排出碎屑，施工更安全、稳定。XTC80 型双轮铣槽机是我国自主研发和改进的新型双轮铣槽机。XTC80 型双轮铣槽机具有整机重量轻、铣槽深度大、破岩能力强、施工效率高、噪声小、性价比高等特点。

图 5-4　悬臂式隧道掘进机　　　　　　图 5-5　双轮铣槽机

6. 数字化衬砌台车

我国自主研发的 CQS12 数字化衬砌台车，能实时监测混凝土液位状态，同时利用多个温度传感器和压力传感器，能实时准确地监测混凝土的入模温度、凝固温度及拱顶灌注压力（图 5-6）。

图 5-6　数字化衬砌台车

5.3.2　暗挖机械施工方法

为加强暗挖法机械施工，应对暗挖法的辅助工法做出相应改良，主要包括：

（1）强化辅助工法，简化主要工法。在浅埋软弱富水地层中，依靠水平旋喷、管幕、冻结或降水等辅助工法形成较强超前加固体后，再进行开挖，主要工法的选择将大大简化。尽可能地采用台阶法或全断面法等少分部的工法，可提高机械化水平。

（2）提高机械化、自动化、数字化水平，减少劳动力投入。隧道开挖、支护及超前预支护的辅助工法，都应尽量推广应用机械化、自动化、数字化水平较高的设备、机具和仪器。只有这样才能提高施工效率，减少劳动力投入。

（3）控制好辅助工法阶段施工风险至关重要。理想超前预加固体形成后，相当于在干燥自稳的均质地层中开挖，其施工风险将大大降低。在超前加固体形成的辅助工法施工阶段，以港珠澳大桥珠海连接线拱北隧道为例，无论是管幕施工还是冻结施工，对地层的扰动与沉降变形控制都是考验施工技术水平的难题。

（4）辅助工法的造价将成为决定浅埋暗挖工法竞争力的重要因素。辅助工法造价占工程造价比例越来越大，其中水平旋喷、管幕以及冻结法造价相对较高。与盾构、顶管等工法相比，过高的工程造价将会严重影响浅埋暗挖法的竞争力。

5.4 暗挖法绿色化

目前，地铁暗挖生产设施配置大多由于片面追求经济效益而忽略了安全性、环保性和信息化，环境破坏、人员伤害、职业病危害等依然处于高发状态，劳动力成本也越来越高，施工企业如何优化组合矿山法隧道暗挖施工生产设施配置，从而降低粉尘、油烟、噪声等伤害，实现地铁矿山法暗挖生产设施的安全性、合理性、经济性、环保性已成为社会需求的重点，特别是在 2011 年提出 PM2.5 控制指标以后，城市地铁建设过程中绿色施工、减少排放、降低能耗等环保指标的要求已成为施工企业施工过程中的管控重点。关于绿色施工、节能减排已有相关规程、研究等做了详细的规定及总结，如北京市地方标准《绿色施工管理规程》中对施工现场的粉尘、噪声、节能等都有详细的规定；北京地铁绿色施工与信息化管理系统中也对出渣系统及洞内新型设备的应用效果做出了详实的测评。

地铁浅埋暗挖施工地质条件变化大，周边环境复杂，洞内施工环境差，作业属于"有限空间"作业，按照以人为本的主导思想，达到施工安全、环保、科学、反馈信息及时、改善地下暗挖工程作业环境的目的，实现暗挖作业生产设施标准化配置。

通过对市场现有先进环保设备的整合，地铁暗挖绿色施工生产设施标准化配置实现了绿色施工标准化工地建设，降低能源消耗，改善暗挖作业环境，以信息化施工设施有效控制安全事故、质量事故的发生，提高施工现场数字化施工管控能力。

2015 年 3 月 24 日，在中央政治局会议上通过的《关于加快推进生态文明建设的意见》首次提出"绿色化"概念，并将其与新型工业化、城镇化、信息化、农业现代化并列。绿色化，业已成为新常态下经济发展的新任务、推进生态文明建设的新要求。

首先，在经济领域，它是一种生产方式——"科技含量高、资源消耗低、环境污染少的产业结构和生产方式"，有着"经济绿色化"的内涵，而且希望带动"绿色产业"，形成经济社会发展新的增长点。同时，它也是一种生活方式——"生活方式和消费模式向勤俭节约、绿色低碳、文明健康的方向转变，力戒奢侈浪费和不合理消费"。并且，它还是一种价值取向——"把生态文明纳入社会主义核心价值体系，形成人人、事事、时时崇尚生态文明的社会新风"。简单来说，就是把生态文明摆到了非常高的位置，不仅要在经济社会发展中实现发展方式的"绿色化"，而且要使之成为高级别价值取向。其阶段性目标，就是"推动国土空间开发格局优化、加快技术创新和结构调整、促进资源节约循环高效利用、加大自然生态系统和环境保护力度",也就是朝着生态文明建设的总体目标进发。

2021年2月22日,国务院发布《关于加快建立健全绿色低碳循环发展经济体系的指导意见》,从"污染防治"到"碳达峰、碳中和",低碳政策一直都高度契合我国经济转型和高质量发展的长远目标。

暗挖法的绿色施工主要包括以下方面:

(1) 施工安全性

在传统暗挖法施工中,作业人员多,作业工人拥挤在狭窄的掌子面进行开挖,劳动强度大,安全风险大。采用暗挖台车,作业工人数量大幅减少,且远离掌子面,仅从事操控、辅助等工作,劳动强度大幅度降低。参与人员少、远离掌子面、劳动强度低等因素大幅提升了暗挖施工的安全性,传统暗挖和机械化施工开挖作业对比如图5-7所示。

(a) 传统暗挖　　　　　　　　　　　　(b) 机械化施工开挖

图 5-7　传统暗挖和机械化施工开挖作业对比

(2) 作业环境

隧道工程和其他开挖建设工程一样,施工过程中尘土飞扬,"溶"入空气;各种施工机械燃油产生的尾气也进入大气中,这样既破坏施工环境,又影响空气质量。同时隧道是一个相对密闭的空间,隧道内有害气体浓度过高,将对施工人员的安全产生影响。

暗挖台车整机采用电力作为能源,在隧道内施工时,不排放油烟废气,理论上可以大幅度提升隧道内施工作业环境。经检测并统计对比了暗挖台车开挖和挖机开挖时隧道内O_2、CO_2、CO、NO_x、掌子面气温、噪声等实测数值。环境指标中,暗挖台车开挖时噪声低于标准值,比挖机开挖时的噪声降低了26.7%。掌子面温度在采用暗挖台车开挖时显著降低。氧气因挖机的柴油消耗大,挖机开挖时空气中氧气含量低于暗挖台车开挖。采用暗挖台车开挖时,有害气体氮氧化物、CO_2、CO含量显著低于挖机开挖,特别是氮氧化物和CO含量,在暗挖台车开挖时仅检测出微量,而挖机开挖时,其指标已接近标准要求限值。从上述对比分析可以看出,暗挖台车的使用,可以很大程度上改善隧道内施工作业环境,提升安全性,并进一步提升绿色施工能力。

(3) 能源消耗和碳排放

随着社会发展和自然环境不断恶化,低碳、节能环保新材料、新设备、新工法的研发和普及是国家乃至全球发展的需要。统计2016年7月—2016年9月隧道开挖初期支护施工能源消耗情况,并选取两个典型断面进行对比分析,结果见表5-1。

施工开挖设备能源消耗对比表　　　　表 5-1

统计时间	掌子面	井挖设备配置	进尺 (m)	能源消耗	折算费用（元）	折算费用（元/延米）	折算 CO_2 排放（kg）	折算 CO_2 排放（kg/延米）
7 月	右线向西 左线向西	TWZ260 台车 PC60 挖机	71.5 74	电力:4320kWh 燃油:1328L	3672 7117	51.35 96.17	2808 3612	39.27 48.81
8 月	右线向西 左线向西	TWZ260 台车 PC60 挖机	74 70	电力:5622kWh 燃油:1749L	4778 9044	64.57 129.2	3654 4757	49.38 67.96
9 月	右线向西 左线向西	TWZ260 台车 PC60 挖机	88.5 90	电力:5350kWh 燃油:1978L	4548 10228	51.39 113.64	3477.5 5380	39.29 59.78
合计	右线向西 左线向西	TWZ260 台车 PC60 挖机	234 234	电力:15292kWh 燃油:5055L	12998 26389	55.55 112.77	9940 13750	42.48 58.76

注：表中电力 CO_2 排放系数 0.75kg/kWh，柴油 CO_2 排放系数 27t/tce。柴油 L 折算 t 为 1192L/t。

从上表可以明显看出，使用电力能源的暗挖台车开挖能源消耗平均为 55.55 元/m，比燃油挖机开挖的 112.77 元/m 降低了 50.74%；开挖作业 CO_2 排放平均为 42.48kg/m^3，比挖机开挖的 58.76kg/m^3 降低了 27.71%。同时，我们应该看到，采用暗挖台车时，隧道上下台阶均采用台车开挖，而采用挖机开挖时，仅进行下台阶开挖和辅助上台阶开挖，如采用实际开挖土方量折算，暗挖台车在能源消耗和碳排放上的优势将更加明显。从能源消耗和碳排放的角度看，暗挖台车的使用可以进一步提升暗挖工法绿色化施工能力。

目前，暗挖法虽在应用的工程数量上有所减少，但仍被广泛应用在各种隧道和地下工程施工中。暗挖法相比其他工法如盾构法、明挖法，其有着无法替代的优势：可以在覆土很浅（1~2m）的地下工程中不占用地面场地进行施工；可以在短距离内灵活变化断面，可以在大坡率、小半径隧道中应用；可以在黄土地层地裂缝断面采用暗挖施工；可以大幅缩减征地拆迁、管线迁移、交通导改工作量，也将施工扰民降到了最低。正视和解决暗挖法面临的挑战是暗挖法发展乃至隧道建设无法逃避的问题。

采用暗挖台车施工，可以提高暗挖法机械化和自动化水平、减少劳动力投入、降低劳动强度、改善作业环境、低碳环保、提高施工作业安全性，是暗挖法安全绿色环保施工发展的可选路径。

采用电力能源替代传统的燃油能源，如用同等级的电力设备电动挖掘机、电动三轮车替代传统的燃油设备柴油挖掘机、柴油三轮车，可以根除隧道内空气的尾气污染和消减作业环境的噪声污染，大幅提升隧道内空气质量和降低施工噪声，改善作业环境，是暗挖法安全绿色环保施工发展现行最容易实行也是最具有实效的措施之一。

研发应用新型设备设施辅助隧道施工作业环境的降尘、降噪、提高照明、控制环境温度等在一定程度上可以缓解施工作业环境差的问题，从观念上改变人们对暗挖法脏乱差的传统印象，焕发暗挖法新的活力。

（4）绿色隧道通风环保技术

隧道是个闭塞空间，污染物不能很快扩散，污染气体浓度会在隧道内逐渐积累，烟尘量达到一定程度后，会使能见度下降，威胁行车安全，甚至造成人体中毒。为使隧道内的空气品质维持在一定的水平，为车辆驾驶员及隧道维护管理人员提供一个健康通道和工作场所，应研究并解决隧道通风环保问题，提出设计、施工和验收标准。

绿色施工是土木工程行业实现绿色化的重要途径。我国建筑业首先从文明施工、环境保护开始认识到环境保护体系的推广，国家"节能减排"政策的推行，出现了"节约型工地"（上海）和施工中节能减排的具体做法和要求，因此绿色施工的发展可以从文明施工、环境保护、节能减排、绿色建筑等方面进行梳理。绿色施工作为建筑全寿命周期中的一个重要阶段，是实现建筑领域资源节约和节能减排的关键环节。绿色施工是指工程建设中，在保证质量、安全等基本要求的前提下，通过科学管理和技术进步，最大限度地节约资源并减少对环境负面影响的施工活动，实现节能、节地、节水、节材和环境保护（"四节一环保"）。实施绿色施工，应依据因地制宜的原则，贯彻执行国家、行业和地方相关的技术经济政策。绿色施工应是可持续发展理念在工程施工中全面应用的体现，绿色施工并不仅仅是指在工程施工中实施封闭施工，没有尘土飞扬，没有噪声扰民，在工地四周栽花、种草，实施定时洒水等这些内容，它涉及可持续发展的各个方面，如生态与环境保护、资源与能源利用、社会与经济的发展等内容。

（1）在临时设施建设方面，现场搭建活动房屋之前应按规划部门的要求取得相关手续。建设单位和施工单位应选用高效保温隔热、可拆卸循环使用的材料搭建施工现场临时设施，并取得产品合格证后方可投入使用。工程竣工后一个月内，选择有合法资质的拆除公司将临时设施拆除。

（2）在限制施工降水方面，建设单位或者施工单位应当采取相应方法，隔断地下水进入施工区域。因地下结构、地层及地下水、施工条件和技术等原因，使得采用帷幕隔水方法很难实施或者虽能实施，但增加的工程投资明显不合理的，施工降水方案经过专家评审并通过后，可以采用管井、井点等方法进行施工降水。

（3）在控制施工扬尘方面，工程土方开挖前施工单位应按《绿色施工管理规程》的要求，做好洗车池和冲洗设施、建筑垃圾和生活垃圾分类密闭存放装置、沙土覆盖、工地路面硬化和生活区绿化美化等工作。

（4）在渣土绿色运输方面，施工单位应按照要求，选用已办理"散装货物运输车辆准运证"的车辆，持"渣土消纳许可证"从事渣土运输作业。

（5）在降低声、光排放方面，建设单位、施工单位在签订合同时，注意施工工期安排及已签合同施工延长工期的调整，应尽量避免夜间施工。因特殊原因确需夜间施工的，必须到工程所在地区县建委办理夜间施工许可证，施工时要采取封闭措施降低施工噪声并尽可能减少强光对居民生活的干扰。

5.5 暗挖法智能化

5.5.1 智能建造

目前，随着现代信息技术、人工智能、自动化机械等技术的快速发展和在交通运输领域的广泛应用，为城市轨道交通发展全过程管理、机械化装配式施工、自动化操作等提供了重要手段和实施基础。

暗挖隧道智能建造是以数字化资源为核心和基础，以智能化施工装备为工具，以网络化信息传输、信息化经营管理为抓手，以现代化监控量测为辅助，实现建造运维全过程的信息化、自动化、无人化或少人化的智能理念。隧道智能建造技术体系可以分成隧道勘察设计、隧道工程施工、隧道建设管理三个方面：

（1）在勘察设计方面，以BIM+GIS技术为核心，综合应用物联网、大数据、人工智能等信息技术，依托智能化装备，实现基础三维实体模型全生命周期信息再现的自动化状态设计。

（2）在工程施工方面，依托协同管理平台，指挥智能化施工装备进行隧道修建及四电工程施工，基于物联网的智能管理平台自动传输检测信息、自动评价施工质量、自动评估安全性、自动反馈工程对策、自动记录物料信息，实施动态反馈施工过程。

（3）在建设管理方面，基于BIM技术，融合设计、施工、物资、质量评价等平台于一体，以智能化建造为驱动，建立涵盖管理单位、建设单位、设计单位、施工单位、监理单位等的标准化铁路隧道管理模式，全过程数字化管理，多专业协同管控，形成安全、经济、高效与可普适推广的创新型管理体制。

5.5.2 智能化施工

暗挖隧道智能化施工是暗挖隧道智能建造技术水平的综合体现。暗挖隧道智能化施工主要基于BIM的土建工程施工，涵盖了围岩监控与超前地质预报、洞内循环作业优化与有害气体检测、火工品管理与人员定位、钻爆法与掘进机法施工监控的自适应控制、智能工装施工状态实时感知与动态调控、预制装配式衬砌结构施工监控与自适应控制六方面内容。

暗挖隧道智能化施工可以有效节约人力资源，更好地保证施工安全和质量，是隧道机械化施工、信息化管理的进一步提升与发展。

1. 隧道施工信息化技术

隧道信息化施工的前提条件是要有能够充分表现隧道开挖后围岩和支护构件动态的"动态信息"。当前的隧道设计都是基于施工前获取的有限信息为基础进行设计，但是由于地下工程的复杂性和不确定性，需要在施工中予以验证，修正与完善，也就是说，在施工中要根据能够充分表现隧道开挖后围岩和支护构件动态的"动态信息"来进一步掌握围岩的特性，并进行修正设计。隧道施工信息化按工区可以划分为：隧道地质、超前支护、初期支护以及二次衬砌支护等信息化技术体系。

（1）隧道地质信息化

地质构造复杂的隧道中包含大量地质信息，三维地质建模就是以各种原始地质数据为基础，建立能够反映地质体构造形态、构造关系及地质体内部属性变化规律的数字化模型，通过适当的可视化方式展现真实的地质环境。国内很多单位研发了隧道地质信息系统，基本实现了隧道超前地质预报的数据收集及地质异常预警等信息化管理功能。通过融入与构建数据驱动业务流程算法，研发隧道地质信息系统（TGIS），集成隧道勘察设计阶段地质、施工阶段的超前预报地质、掌子面开挖揭示地质，实现隧道地质信息的高度集成共享及基于数据驱动的信息化、精细化管控模板。隧道地质信息系统 TGIS研发需求如图5-8所示。

隧道地质信息系统 TGIS 可以实现隧道地质信息集成一体可视化展示；对隧道地质工

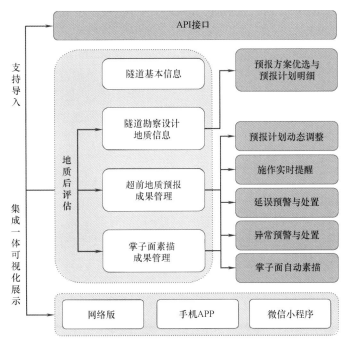

图 5-8 隧道地质信息系统 TGIS 研发需求

作量进行实时统计与施作实时提醒;基于每一开挖掌子面进行地质后评估;预报成果判译辅助分析;基于异常地质的预报方案实时动态调整;基于深度学习的掌子面图像自动素描,结合图像识别过程中的误漏识别数据不断更新模型,提高自动素描的准确率;在上传地质信息成果的同时,按预定模板自动生成相应报表,减少用户重复性报表编制工作;通过手机微信小程序实时接收隧道地质异常警情,并支持在线实时查询隧道相关地质信息及地质异常信息的在线处置。

(2) 超前预注浆信息化

超前预注浆信息化技术将制浆过程和注浆过程信息化。超前预注浆信息化技术借助智能注浆设备,针对不同的围岩地质情况,预设对应浆液配比,达到自动计量、自动配料、连续自动制浆的目的;并且结合地质标定试验成果和三臂凿岩台车钻孔日志,指导注浆过程,实时记录注浆参数。

(3) 初期支护信息化

初期支护信息化可以从三方面进行描述,分别是喷射混凝土支护信息化、锚杆支护信息化、拱架支护信息化。

喷混支护信息化技术主要体现在喷混作业数据全记录。喷混支护信息化技术通过搭载在智能型混凝土喷射台车上的三维激光扫描装置,实现台车定位和隧道三维扫描,获取台车位置、隧道超欠挖信息及喷射方量等。实现隧道断面的扫描,并根据获取的扫描点云数据与设计隧道轮廓进行对比计算,显示隧道超欠挖数据和待喷方量,同时也可利用扫描指示激光指示到实际超欠挖位置。最后,通过随车配备的物联网网关,与大数据平台通信,将台车定位信息、隧道超欠挖信息、喷射信息等有机融合,发送至装备管理平台,作为喷混作业质量管控依据,实现喷混作业信息化管理。

锚杆支护信息化技术将锚杆支护设计和锚杆施作过程信息化。锚杆支护信息化技术借助智能型锚杆台车，将事先导入的隧道设计信息转化为数字化模型，严格按照设计参数，自动施作锚杆；自动记录锚杆施作关键参数，如锚杆规格型号、锚孔孔径、锚孔深度、锚杆安装位置、锚杆环纵间距、浆液配比、注浆方量、锚固质量等，形成锚杆作业日志，作为后续锚杆支护质量的管控依据。

拱架支护信息化技术将拱架支护设计和拱架施作过程信息化。拱架支护信息化技术借助智能拱架台车，将事先导入的隧道设计信息转化为数字化模型，并导入车载智能控制系统，自动进行轮廓扫描，并优化拱架安装位置；在拱架安装前后会进行超欠挖分析和立拱作业过程数据全记录。

（4）二次衬砌支护信息化

二次衬砌支护信息化是借助数字化衬砌台车，实时监测施工过程中混凝土的入模温度、凝固温度及拱顶灌注压力等信息，同时将相关信息实时传输至车载控制系统，实时调整施工，采集所得关键施工参数均可以日志形式导出，作为二次衬砌作业质量管控依据，保障二次衬砌施工质量。

2. 构建隧道施工信息三维 BIM 模型

近年来，随着信息化和云计算技术的快速发展和广泛应用，信息化技术在隧道施工过程中的应用得到不断深入，各类信息化新技术、新设备、新软件在隧道施工中得到广泛应用，在隧道施工的安全、质量和进度管理等方面起到了越来越重要的作用。但是，当前各自独立运行和应用的隧道施工信息系统和技术，也带来了诸多问题，如海量异构数据存储困难、信息孤岛、展示单调不直观、数据价值利用不充分等。

当前，基于单服务器与传统关系型数据库的二维信息化管理模式难以实现多维海量信息准确高效的集成管理与应用。为了解决以上问题，必须引入三维 BIM 技术和基于云服务的空间大数据技术，并利用三维 BIM 模型对隧道施工的安全、质量、进度所涉及的勘察、设计、施工等信息进行构件级的三维可视化查询，并利用空间大数据技术的分布式技术实现海量异构数据的快速存储、管理、分析与应用。

建筑信息模型（BIM）技术作为智能建造的核心模块，可将设计、施工和运维充分融合，最终实现项目信息化、精细化、智能化管控，提升工程全过程管理品质；机械化施工顺应了整个建筑行业向工业化、产业化发展的趋势，可极大减少人工投入，提升施工效率；装配式施工与传统混凝土现场浇筑作业方式相比较，施工简单，工效可提高数倍，体现了对绿色建筑设计理念的倡导。在城市轨道交通建设施工过程中，智能建造技术的应用已经成为技术进步和业态发展的必然趋势，也是提高城市轨道交通自身施工效率、安全管理水平的必然要求。

随着信息化、大数据、物联网的快速发展，传统意义上的建设单位完成项目建设后移交运营单位进行项目管理的模式，已经满足不了智慧城市轨道交通建设和管理需要以及城市轨道交通智能化建设需要。基于 BIM 技术的建造智能化将城市轨道交通项目通过 BIM 技术转化为一个数字化模型，它包含物理几何信息和功能特征，可在一个城市轨道交通项目的整个建设周期过程中，即从项目设计到项目施工建设及运营，直到最后的拆除提供可靠的理论科学依据。同时，工程项目的各个参与方都可以根据各自阶段及需求，在 BIM 数字化模型中输入、获取、自动分析并更新项目信息，实现项目的信息化、精细化、智能化管控，最终提升城市轨道交通建设品质。

设计建造运营数字一体化支持轨道交通工程的集成管理环境，可以使轨道交通工程在其整个进程中显著提高效率、大量减少风险，其优势如下：

(1) 加快工程建设进度。利用BIM技术可以及时发现设计过程中出现的问题，及时纠正错误，大大降低设计变更所带来的工期延误；利用BIM技术的参数化设计，不仅可以及时更改设计方案，并且可以显著加快设计进度，为设计方案的优化完善提供便捷；同时，能实现项目各参与方之间的信息共享，加强协调沟通，有效提高工程建设进度。

(2) 提高工程造价的准确性及工程质量。利用BIM技术的参数化输入，用其智能运算功能代替传统的手工计算，不仅大大降低了前期投资成本，节省了人力资源，也使工程造价的估算更精确，更具科学性、合理性；利用BIM技术构建的三维虚拟模型，能够给人提供直观的三维单体空间感受，更有利于对平面图的理解并为项目决策提供更加直观的依据，提高了项目决策的准确度，同时也提升了工程质量。

(3) 有助于业主、设计院等多方合作及共赢。业主方面，BIM技术是信息技术与建造行业深度融合的契机和抓手，可推动工程建设从粗放式管理向精细化管理转变，从而实现建筑节能、技术创新，是工程项目的数字化和信息化表达，为实现工程建造的工业化、建筑全生命周期管理和工程项目的信息共享与协同管理提供了技术支撑；设计方面，BIM技术是工具，提升了设计效率、与业主的可视化沟通效率，也为拓展、延伸业务和转型发展提供了机遇；施工方面，BIM技术是实现项目成本控制、进度控制、质量控制、安全管理等的重要手段，有助于项目的精细化管理，达到降低成本、提高效益的目标。

3. 暗挖隧道大数据建设

在国务院发布的《促进大数据发展行动纲要》中，提出了"大数据是以容量大、类型多、存取速度快、应用价值高为主要特征的数据集合，正快速发展为对数量巨大、来源分散、格式多样的数据进行采集、存储和关联分析，从中发现新知识、创造新价值、提升新能力的新一代信息技术和服务业态"。

随着信息技术的发展，信息技术逐渐融入暗挖隧道自动化装备中，当代的暗挖隧道施工正向智能化方向发展。勘察数据、设计数据和施工数据形成了暗挖隧道大数据。数据量化和数据共享是暗挖隧道大数据的核心。重视暗挖隧道大数据的建设，是智能化装备升级及智能化施工的前提，也是我国隧道工程从自动化迈入数字化时代的必经之路。